시조집

길

시조집

길

엄규응 지음

코람데오

저자 서문

길 위를 걷다 문득 떠오른 생각들이 있었습니다.

햇빛에 물든 산책길, 바람에 실린 기억, 노을에 젖은 바닷가, 먼 하늘에 걸린 그리움—그 조각들을 하나하나 주워 담다 보니 시가 되었습니다.

은퇴 후, 현대시조 시인이신 선배의 권유로 글을 쓰기 시작했습니다. 아내와 함께 산책하고 여행하며, 하루하루 속에 스며든 작은 생각들과 느낌들을 기록했습니다.

이 시집의 시조들은 특별히 어려운 말이나 화려한 장치보다는 그저 일상의 이야기와 마음의 기록을 자연스럽게 이어 담은 글들입니다. 마치 하루를 적은 일기처럼, 평범한 하루 속에서 만난 자연과 사람, 그리고 사유의 흔적들을 시조라는 틀 안에서 펼쳐 보였습니다.

처음에는 단순히 나누기 위한 짧은 글이었지만, 쓰면 쓸수록 그것은 나 자신에게 던지는 질문이 되었고, 삶을 비추는 하나의 작은 창이 되었습니다.

시조의 전통적 형식 속에서 현대의 정서와 언어를 담아내는 일은 때로 더디고 어렵기도 했지만, 그 과정 자체가 내 삶의 한 장면이었음을 느낍니다.이 시집은 길 위에서 건져 올린 하루하루의 이야기 모음입니다.

부족한 표현일지라도, 한편 한편에 나의 숨결과 생각, 그리고 나눔의 마음을 담았습니다.

누군가의 마음에 조용히 닿아 작은 울림을 만든다면, 그것으로 이 여정은 충분히 의미 있으리라 믿습니다.

지은이 엄규응

추천사 1

빛과 고요의 시인에게

시인 고광이(재미시인협회 이사장)

엄규응 목사의 시를 읽는 일은 곧 '고요 속의 기도'를 듣는 일이다. 그의 언어는 단단하면서도 따뜻하고, 절제되어 있으면서도 깊은 울림을 남긴다.

그는 세상의 소음을 벗어나 마음의 정원을 일군다. 그 정원에는 석양의 빛, 노랑나비의 날개, 새벽의 공기, 그리고 고독 속에서도 반짝이는 신앙의 별이 있다. 「변함없는 산」에서처럼 그는 흔들림 없이 자신의 자리를 지키며, 「구름처럼, 강물처럼」에서처럼 모든 대립을 품어 맑은 하나로 흐른다.

그의 시는 단지 자연을 노래하지 않는다. 그것은 "자연의 언어를 통해 인간의 영혼을 치유하는 시편(詩篇)"이다.

그의 '빛'은 단순히 시각적 이미지가 아니라, 존재의 근원으로서의 '신적 빛'이다.

그 빛은 인간의 오만을 경계하고, 겸손을 통해 진리를 향하도록 인도한다.

엄규응 목사는 목회자로서의 삶과 시인으로서의 사유

를 절대로 분리하지 않는다. 그는 강단의 언어가 아닌, 삶의 언어로 설교하는 시인이다.

그의 시는 고백이며, 찬송이며, 또한 시대의 인간에게 건네는 따뜻한 위로이다.

이 시집은 독자에게 '명상'과 '성찰'의 시간을 선물할 것이다.

바쁜 일상에서도 이 시편들을 펼치면,

우리 마음의 어둠 속에 고요한 빛 하나가 스며드는 것을 느끼게 될 것이다.

그 빛이 곧 엄규응 시인의 시요,

그 빛으로 인해 세상은 조금 더 따뜻해진다.

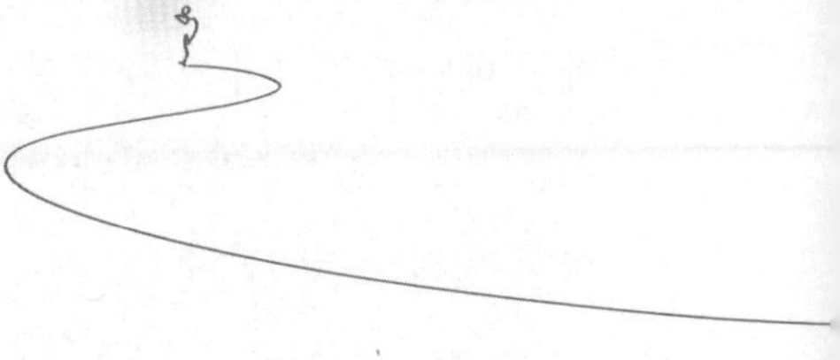

추천사 2

창조적 삶을 영위하는 시조 시인

시인 김정한(목사)

천년의 역사를 가진 시조 시는 우리 민족의 고유한 창조적 시며, 노래며, 대화다.

화조풍월(花鳥風月)을 즐기는 우리 민족은 시조 시를 생활화했다.

고려가 망하고 조선 왕조가 세워질 때 이방원은 "이런들 어떠하리 저런들 어떠하리"로 묻고 정몽주는 "이 몸이 죽고 죽어 일백 번 고쳐 죽어"로 답했다. 시조 시로 표현된 역사 이야기다.

국운의 갈림길에서 이순신 장군은 "한산섬 달 밝은 밤에 수루에 홀로 앉아"의 시를 썼다. 방랑시인 김삿갓도 여류 시인 황진이도 시조로 생을 살았다.

엄규응 시조 시인님은 시조 시로 일상을 살아가고 있다. 매일 매일 빠짐없이 카톡에 시조 시를 올리시는 시인님의 시를 읽는 것이 즐거움이다. 시인님의 깊고 넓고 높은 시상의 세계가 경이롭다.

엄규응 시인님은 역사와 전통을 지닌 우리 민족의 시를

세계화에 앞장서는 선구자이시다. 미국에서도 우리의 시조 시에 관심을 두는 시인들이 의외로 많다고 한다. 시인님은 복음을 시로 표현하는 훌륭한 목사님이다.

만추의 황금 계절에 첫 시집을 출판하신다 하니 인쇄의 옷을 입은 시집이 널리 읽혀지기를 소원한다.

시조 시로 매일을 살아간다는 것은 창조적인 삶을 살아내는 것이다.

창조성의 결여를 타락으로 보는 학자들도 있다. 헬라의 에로스 사상이나 기독교의 아가페 사랑도 그 시대의 창조로 보는 것이다. 한국의 시조 시도 에로스나 아가페 사상처럼 세계사의 위대한 창조 현상의 하나이다.

엄규응 시인님의 시 세계는 한결같이 자연, 산, 바다, 주위의 일상 그리고 복음을 구조로 삼고 있다. 시인님의 시에는 자신의 일상생활을 통한 여러 가지 사색이 담겨 있다.

시인님의 아름다운 시조 시가 읽는 이들에게 기쁨이 되고 더욱이 어려운 이민의 삶을 살아가는 분들에게 위로와 힘이 되기를 기원한다.

모하비 사막에서

추천사 3

삶으로 쓴 시조, 시로 드린 예배

김재연(LA 영생교회 담임목사, 전 칼빈대학 총장)

이 시집은 한 목회자의 삶을 통해 증명된 '삶으로 쓴 시, 시로 드린 예배'의 기록이다.

그의 시는 독자에게 화려한 언어를 제시하기보다, 소박함 속의 거룩함, 일상의 언덕 속의 영원을 바라보는 시선을 일깨워 준다.

읽는 이의 마음을 고요히 잠재우며, 마치 피노스 마운틴의 석양 아래 앉아 있는 듯한 평안과 사색의 시간을 선물한다.

이 시집은 오늘을 살아가는 우리에게 묻는다.

"진정한 가치란 무엇인가, 참된 쉼은 어디에 있는가."

그리고 그 대답을 시인이 아닌, 삶으로 증언한 한 목회자의 영성이 느껴진다.

저는 이 시집이 단지 문학의 결실이 아니라, 세상을 향해 흘러가는 하나님의 숨결로 기억되기를 바란다.

이 시집을 읽는 모든 이의 마음에도 하늘의 바람이 스며들어, 새로운 믿음의 노래가 울려 퍼지길 축복한다!

⚜ 추천사 4

복음 메시지 가득한 맑은 문학 작품

은강 정요한 목사 (전 크리스천 헤럴드 사장, 현 코람데오USA 사장)

초여름의 아침이슬같이 맑고 청초한 목회자 엄규응 목사. 그의 깊은 위로와 감명을 주는 시조 시와 고향을 그리워하며 인생 칠십 고진감래를 겪어 고고함이 우러나는 주옥같은 작품을 오랜 세월 강단에서 설교했던 목회자요, 찬양을 좋아하는 음악가요, 운동을 좋아하는 스포츠맨이던 그가 감성이 풍성한 시인이 되어 책으로 묶어 출간하게 되었음을 축하한다.

엄목사는 나와 함께 지낸 동갑내기 친구로 같은 해에 미국에 이민을 와서 가까이서 지내고 있다.

제가 크리스천 헤럴드 신문사 편집국장으로 있던 2001년 가을에 한국의 '크리스천 문학(대표 김철수 장로)'을 통해 등단했는데 이미 등단한 저보다 시성과 감성이 뛰어난 엄목사의 시를 접하고 난 후, 그에게 적극적으로 시집 출간하기를 권했다.

작년에도 자서전을 집필할 일이 있었는데, 책을 낸다는 것이 쉽지 않으나 작품을 만들고 나면 나 자신도 보람을 느끼고 기뻤지만, 그 자서전을 본 주위의 여러분이 함께 즐거워하였던 적이 있기 때문이다.

이번에 엄목사의 작품이 나오게 된다면 많은 분에게 새로운 도전을 주게 될 것이다.

문학을 전공한 이도 쉽지 않은 일인데 목회하면서 틈틈이 시를 썼다는 것은 하나님께서 특별히 주신 달란트라는 말로밖에 표현할 길이 없다.

엄목사 모친(김복수 권사님)은 걸어 다니는 성경책이라 할 만큼 많은 성경 구절을 암송하신 보기 드문 신앙의 어르신이다.

그래서인지 그의 다섯 형제 모두 목회자가 된 배경 역시 자당(慈堂) 어른 기도의 덕분이라 할 수 있다.

엄 목사님은 맑은 하늘처럼 순수한 분이다.

그는 목회하기 전 건축설계 전문가로 명성을 날리던 분이어서 이성을 중시하고, 감성과는 거리가 먼 것 같은데 퍽 감정표현이 예리하며 다정다감하다.

문학을 전공하지 않았음에도 시인으로서 풍부한 감성을 가지고 있다.

엄 목사님의 시를 읽노라면 그가 어떻게 시작(詩作)하였는지 눈앞에 모습이 그려진다.

그는 하루도 빠지지 않고 틈이 나면 시를 썼다는데, 책상에서보다 밖에 나가 있을 때 길을 걷다가 현장에서 즉시 핸드폰에 메모하고 기록하기에 그의 시는 더욱 생동감과 현장감이 있음을 보게 된다.

은퇴할 때까지 강단에 서서 설교한 목회자가 이제는 시인이 되어 가까이서 함께 교제를 나누게 되었다는 자체가 감사할 따름이다.

엄목사가 어렸을 적에 할아버지가 글씨를 쓰시다가 붓에 먹물을 찍어 손자였던 엄목사의 코끝에 살짝 점을 찍고서 함께 웃으셨다는 내용을 감동 있게 읽은 기억이 난다.

골프를 함께 쳐보면 그 사람의 성격을 안다는 말이 있다.

엄목사 부부와 저희 부부가 함께 골프를 즐겨 치는데 변함없이 한결같은 모습에서 오래도록 함께하고 싶은 동갑내기 친구여서 자랑스럽기만 하다.

이민 생활의 애환을 삶의 현장과 목회 현장에서 몸소 체험하며 느끼고, 계절과 자연, 고향과 성경 말씀 속에서, 어두운 세상에서 빛으로 살아가는 길을, 복음의 말씀으로 힘을 얻어 어려움을 딛고 일어서야 한다는 신앙에 관한 시로 애독자들에게 감명을 주게 될 주옥같이 아름다운 시를 출간하게 되었음을 자랑스럽게 추천하는 바이다.

목 차

2부 : 고향과 그리움

3부 : 빛으로 가는 길

4부 : 신앙의 길

5부 : 여행과 추억

6부 : 공존의 다리 위에서

7부 : 자연과 삶

♣ 이 책은 코람데오 출판사의 표준어 맞춤법 방침과 일치하지 않으며 지은이의 요청에 의해 표기, 제작되었음을 알려 드립니다.

1부

자연과 계절

바람이 지나가고,

햇살이 스며드는 시간 속에서

자연은 숨 쉬고, 계절은 노래한다.

나는 그 속에서

작은 생명의 떨림을 느끼며

오늘을 담는다.

■ **봄**

봄의 노래 / 봄바람 신바람 / 봄의 텃밭 / 텃밭에 심긴 기쁨
사월의 아침 풍경 / 사월의 한낮 풍경

■ **여름**

여름의 길목에서 / 가을빛 오월

■ **가을**

가을비 / 가을 풍경 / 노랑나비의 가을 / 고국의 가을 / 비숍의 시월
늦가을의 아침 / 회복의 계절 / 가을을 보내며 / 그리움

■ **자연과 열매**

홍시 / 석류

■ **겨울**

겨울의 길목에서 / 겨울 장미

■ **물과 숲**

호수 위 수채화 / 옹달샘 / 파도와 나 / 보라색 꽃

봄

봄의 노래

산천은 나를 오라 살며시 손짓하네
연분홍 갈아입고 실개천 노래하며
한겨울 움츠려 지낸 기지개를 펴라네

물 맑고 공기 좋고 따스한 햇살 아래
형형색 들꽃들이 지천에 피었으니
꽃길을 따라 걸으며 자유롭게 살라네

세월과 다퉈가며 걸어온 발자국들
이제는 뒤로하고 남겨진 귀한 시간
더불어 함께 나누며 사랑하며 살라네

봄바람 신바람

비 오니 땅을 깨워 녹색의 카펫 깔고
꽃자두 꽃봉오리 분홍 꽃 터트렸네
연산홍 이미 만개해 함박웃음 보낸다

오렌지 가지가지 하얀 꽃 맺혀 있고
아마는 보라색 꽃 보란 듯 피어 있네
가지 끝 맺힌 빗방울 보석처럼 빛난다

봄 오면 꽃이 피고 마음의 꽃도 피고
꽃송이 터트리듯 닫힌 맘 활짝 열어
새봄의 기운 품으니 봄바람은 신바람

봄의 텃밭

햇볕은 따뜻하고 바람은 시원하니
텃밭에 쌈채소는 녹색이 짙어 가고
감나무 움 터뜨리니 봄의 노래 부르네

더덕은 넝쿨 뻗어 그 향기 흩날리고
늦가을 심은 열무 꽃비로 쏟아진다
꽃상추 자줏빛 잎은 주름치마 닮았네

아침 해 등에 지니 온몸이 따뜻하고
마음이 평안하니 근심도 사라지네
행복이 멀리 있을까 마음 안에 있다네

텃밭에 심긴 기쁨

텃밭의 열무 뽑아 눈대중 버무리네
보리쌀 삶아 내어 한 숟갈 쌈장 넣고
젓가락 휘휘 저으니 사랑 가득 담긴다

동치미 국물 띄워 떡 한 상 차려지니
노부부 식탁치고 구색을 갖추었네
추억이 반찬이 되니 더 바랄 것 없구나

한낮의 밝은 햇살 텃밭에 내려앉아
푸르른 물결 위를 포근히 감싸 주니
텃밭이 베푸는 기쁨 마음까지 채운다

사월의 아침 풍경

아침의 싱그러움 코끝에 입 맞추고
오렌지 하얀 꽃잎 꽃비로 내린 자리
여명에 반짝거리며 소복하게 쌓였다

오렌지 꽃향기가 전하는 봄소식에
겨우내 묻혀 있던 더덕도 움을 트고
어느덧 허리춤까지 덩굴 감아 올린다

계절의 감각 잃은 냉이는 꽃씨 맺어
된장에 무치려던 기대를 저버리고
바람에 여린 꽃대만 살랑살랑 흔드네

사월의 한낮 풍경

한낮의 태양 아래 잎채소 등 돌리고
가녀린 잎새들도 태양을 외면하나
담장 위 꽃 덩굴들만 만개하여 춤춘다

태양은 중천에 떠 서서히 기울면서
어두운 구석구석 골고루 비춰 주니
어둠에 갇힌 생명들 고개 들어 반기네

의자를 끌어 옮겨 응달로 피해 앉아
태양의 눈부심에 가늘게 실눈 뜨니
사월의 한낮 햇살이 눈싸움을 청하네

여름

여름의 길목에서

연두 잎 짙어지며 봄날이 물러서니
녹색의 잎새 위로 여름은 반짝이고
계절은 나뭇잎에 시나브로 스민다

초여름 햇빛 아래 생명이 춤을 추네
빛 찾아 호박덩굴 줄기를 뻗어 가고
어느새 애호박 하나 탐스럽게 달렸다

그늘 속 양귀비꽃 수줍은 미소 짓고
연분홍 접시꽃이 빙긋이 화답하네
긴 하루 품은 태양은 황소걸음 걷는다

가을빛 오월

여름이 오기도 전 들풀은 메말랐고
민둥산 등줄기는 황소 등 닮아 가네
남가주 오월의 산하 가을빛을 닮았다

겨울에 몇 차례 비 생명줄 잇대 놓고
근근이 버텨 내는 목마른 초목이여
갈급한 너희들의 삶 위로할 길 없구나

한여름 뙤약볕을 어찌들 견디려나
서로를 의지하며 말없이 하늘 보네
목마른 생명들 위한 한줄기 비 꿈꾼다

가을

가을비

시커먼 유리창을 세차게 두드린다
바람이 먹구름을 거칠게 보채더니
밤새워 멈추지 않고 대지 위를 적신다

커튼을 활짝 열고 창밖을 내다본다
처마 끝 낙숫물은 앞다퉈 뛰어내려
마당을 가로지르며 시내 되어 흐른다

초목은 몸을 씻어 숨길을 열어 가고
과수의 열매들도 그 빛을 노래하네
목마른 대지 축이며 생명으로 덮는다

가을 풍경

참나무 그늘 아래 탁자 위 커피 한 잔
시원한 바닷바람 귓불을 간질이고
나른한 오후의 햇살 가지 사이 내린다

긴 세월 지켜오며 가지는 땅을 짚고
우산을 펼쳐놓듯 쉼터를 내어준다
조그만 도토리 하나 바람결에 떨군다

구름이 흘러가고 시간도 흘러가네
마음속 시름 조각 고요히 흐른 자리
헤즐럿 한 모금 향만 호흡 속에 머문다

/말리부 크릭 주립공원에서

노랑나비의 가을

구아바 잎새 사이 한 쌍의 노랑나비
쫓아간 눈길 끝엔 파아란 가을 하늘
가을은 노랑나비의 날개 끝에 실렸네

날개 끝 실린 하늘 끝없이 펼쳐지고
드높고 푸른 하늘 태양도 빛을 잃어
티 하나 없는 허공엔 태양 홀로 외롭다

하늘을 담은 마음 상념에 일렁이고
태양의 고독함이 위로로 다가오네
외로운 마음 바다에 한 척 배를 띄운다

고국의 가을

촉촉한 땅 밟고서 산책로 따라 돌며
흙 내음 풀 내음에 한껏 숨 마셔보네
그립던 고국의 향기 가슴 깊이 담는다

어머니 품속 닮은 조그만 숲 가에서
낯익은 들풀들과 눈인사 나눌 때에
햇살은 개울에 내려 일렁이며 흐른다

돌아선 골바람에 나뭇잎 춤을 추고
잘 익은 알밤들의 이별을 재촉하니
가을도 함께 떨어져 갈 바람에 떠난다

/의정부 부용산에서

비숍의 시월

단풍잎 춤을 춘다 높고 푸른 하늘 아래
노란색 짙게 물든 사시나무 작은 잎새
바람에 몸 둘 곳 몰라 팔랑팔랑 맴돈다

만년설 흘린 눈물 폭포 이뤄 쏟아지고
가파른 돌산 위로 가을바람 스쳐간다
짙푸른 가을의 호수 침묵만큼 무겁다

시월의 단풍잎들 갈 바람에 흩날리고
단풍을 담아내는 눈동자는 반짝인다
가슴에 인화된 풍경 가슴 깊이 새긴다

/비숍의 단풍 여행 중

늦가을의 아침

텃밭에 내린 이슬 햇살에 반짝이니
가뭄 속 지친 잎새 일어나 춤을 추고
감나무 붉은 단풍잎 밝은 미소 보낸다

감나무 가지들은 열매를 내려놓고
힘겨워 지친 몸은 비로소 쉼을 얻네
아침의 고요함 속에 멈춘 듯한 시간들

바람은 콧잔등을 스치듯 지나가고
새 울음 구슬프게 귓불을 두드릴 때
마음은 가락을 타고 바람결에 춤춘다

회복의 계절

살포시 시린 어깨 감싸며 매만지니
어느새 어깨 위로 가을이 내려앉네
햇살은 여전하건만 바람만은 차갑다

나뭇잎 시나브로 노을빛 스며들고
가지 끝 열매들도 이별을 준비한다
가을은 나도 모르게 마음속에 와 있네

한 줄기 가을바람 스치듯 지나가니
불볕에 지친 심신 다가와 위로하네
가을은 회복의 계절 이별만은 아니다

가을을 보내며

처마 끝 빗방울에 꽃잎은 떨어지고
흐르는 빗물 따라 가을도 흘러간다
잊혔던 그리움만이 거스르며 오른다

가을이 남기고 간 가지 끝 마른 열매
회상의 창을 열어 여름을 노래하네
푸른 잎 사이 빛나던 여름밤의 노래를

가을의 풍요 속에 살찌운 청솔모가
꼬리를 높이 들고 깃발을 펄럭인다
가을을 보내는 마음 아쉬움의 깃발을

/가을을 보내는 뜨락에서

그리움

가지 끝 송이송이 영글은 열매마다
색색의 그리움이 꽃으로 피어나네
춘사월 꽃의 눈동자 아롱아롱 맺혔다

꽃들이 열매 되고 열매가 꽃이 되네
품 안에 그리움은 열매로 피어나고
벌 나비 하나가 되어 햇살 아래 수놓네

애틋함 가을 하늘 드높이 솟아올라
꽃으로 다시 올 날 꿈꾸며 떠나가네
가을은 채우지 못할 그리움의 깊은 못

자연과 열매

홍시

푸르른 열매 사이 붉은빛 연시 하나
작은 새 부리 피해 마음이 급해졌나
서둘러 붉게 물들여 나의 눈길 빼앗네

홍시를 닮은 마음 나 또한 분주하니
두세 장 남긴 달력 걸음이 잦아지네
부리에 쫓긴 너와 나 하나인 듯하구나

홍시가 나의 거울 시간이 나의 동력
쫓기며 익어가는 성숙의 계절이여
찬바람 불어오기 전 붉게 붉게 태운다

석류

폭염과 함께하며 인내로 물들인다
태중에 깊이 묻혀 얼마나 답답했나
인고의 시간 보내며 붉은 꿈을 심는다

알알이 고운 빛이 어둠을 견뎌내고
파란빛 붉어지며 가을을 재촉하네
가을이 손 내어주니 붉은 숨을 내쉰다

가지 끝 맺은 정은 열매를 못 떨구고
붉은빛 속살들은 이별을 예감한다
수확의 손길 닿으니 붉은 눈물 흘린다

겨울

겨울의 길목에서

붉은 잎 타들어 가 갈 바람 실려 가고
기러기 줄을 지어 안식처 찾아가니
가을도 잠시 머물다 찬바람에 저문다

활엽수 잎 떨구며 겨울옷 갈아입고
뿌리는 잠을 청해 봄날을 기약하니
따뜻한 추억 벗 삼아 꿈의 여행 떠난다

바람에 움츠리며 옷깃을 여미우니
겨울의 문턱에선 아쉬움 교차하고
남겨진 달력 한 장엔 미완의 꿈 새긴다

겨울 장미

잘라준 가지 끝에 한 송이 빨간 장미
허전한 나의 가슴 따듯이 물들인다
겨울꽃 향기 잃어도 자태만은 고와라

가시를 피해가며 상한 곳 잘라내고
새순이 자라도록 세심히 전지한다
봄 되면 장미꽃 찾아 벌 나비들 춤추리

눈 대신 햇빛 품은 나성의 겨울 하늘
고국의 눈 소식에 살며시 눈감으니
눈 덮인 고향 집 뜨락 빨간 장미 피었네

물과 숲

호수 위 수채화

하늘이 내려앉고 구름이 스며들어
푸르게 또 하얗게 앞다퉈 물들인다
드넓은 캔버스 위를 아름답게 채운다

태양은 미소 짓고 새들도 날아든다
캔버스 테두리에 나무도 스며드네
여울진 물결을 따라 바람마저 담긴다

따스한 봄바람에 물감을 말리면서
두 손을 살랑이니 살포시 일렁인다
내 마음 미풍에 실어 호수 위에 띄운다

옹달샘

샘물이 솟아올라 조그만 샘 이루고
새 물이 흘러들어 옛 물은 사라지네
언제나 맑고 깨끗한 깊은 산속 옹달샘

다람쥐 산새들의 갈증을 씻어주고
주변을 흘러 적셔 새싹들 움 틔우네
연녹색 새싹 물결은 봄의 옷을 입는다

햇살은 쏟아지고 녹색의 물결 사이
붉은빛 열매 위로 가을 향 짙어질 때
가을빛 옹달샘 위로 단풍 곱게 물든다

파도와 나

큰 파도 큰 시름을 작은 파도 작은 시름
내 안에 모든 근심 가득 씻어 데려가네
높이 쳐 오른 물줄기 마음의 벽 허문다

자연은 창조 숨결 생명으로 위로 주네
근심은 파도 닮아 밀려오고 밀려가고
파도를 부르는 마음 파도 결에 씻긴다

파도와 부딪히며 바람과도 다투면서
어느덧 하나 되어 물 흐르듯 흘러간다
부딪쳐 깨어지다가 하나 되어 만난다

/중가주 빅서에서

보라색 꽃

노란 꽃 군락 사이 한 줌의 보라색 꽃
보란 듯 나를 향해 수줍은 미소 짓네
햇살은 따뜻하건만 너의 미소 애절다

바람에 실린 향기 쓸쓸함 스며 있고
무리 속 너의 모습 이민자 삶 닮았네
말없이 돌아서면서 눈길 한 번 더 준다

노란빛 꽃 무리 속 외로이 서 있는 너
내일엔 노란 꽃과 어깨를 함께하리
꿋꿋이 이겨내거라 나를 닮은 보라꽃

/레이건 렌치에서

2부

고향과 그리움

고향의 골목과 오래된 기억 속을
나는 천천히 걷는다.
어린 시절의 웃음,
황혼빛 장독대,
낯익은 추억의 향기 속에서
그리움은 오늘의 발걸음을
부드럽게 이끌어 준다.

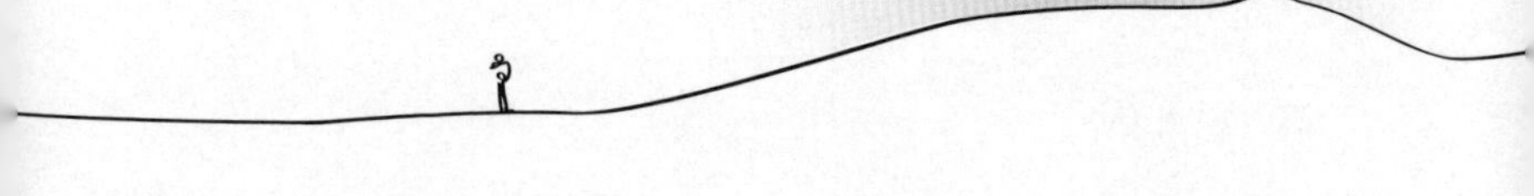

고향의 풍경

고향

개발에 속절없이 옛 모습 잃었어도
기억의 한편에선 조용히 피어나는
빛바랜 조감도같이 사라지지 않는 곳

골목길 뛰놀던 나 옛 모습 변함없고
영원히 지지 않는 울 밑에 봉선화 꽃
언제나 눈을 감으면 떠오르는 내 고향

젊은 날 부모님과 할머니 할아버지
한 상에 마주 앉은 어릴 적 오 형제가
멈춰선 시간 속에서 꿈을 꾸며 사는 곳

고향 신촌

골목길 돌고 돌아 다다른 신작로엔
뜨거운 아스팔트 길 위에 뿌려지고
롤러 차 다져진 길을 달려가네 힘차게

방역차 연막 풀고 골목길 지날 때면
온 동네 개구쟁이 뒤따라 달려가며
깔깔깔 웃음꽃 피던 어린 시절 내 고향

엄마 손 꼭 붙잡고 오르던 층층 계단
모퉁이 돌아서면 정겹던 구멍가게
지금은 간 곳이 없고 마천루 숲 빌딩뿐

골목길 풍경

키 작은 주택들과 좁다란 골목길은
높이 선 석축 함께 어릴 적 고향 풍경
빨랫줄 아기 기저귀 하늘하늘 춤췄지

변소라 불려지던 그 시절 화장실은
똥 퍼요 외침 따라 등지게 넘나들며
골목길 채우던 냄새 코를 막곤 했었네

골목길 굽이돌아 다가 선 신작로엔
산업화 흩뿌리던 먼지와 연기 따라
옛 정취 사라진 자리 새 옷 입고 서 있다

댓돌 위 고무신

무심히 벗어놓은 신발을 바라보며
어릴 적 대청마루 아련히 떠오른다
딛고서 오르내리며 발끝 남은 기억들

화강석 댓돌 위에 단정히 벗어놓은
하얀색 고무신이 눈앞에 떠오르니
마음에 부끄럼 가득 가지런히 챙긴다

비질 된 마당에는 햇살이 내려앉고
쇠 장식 나무 대문 턱 넘어 층층 계단
세월의 긴 다리 지나 동심 속에 안긴다

액자 속의 장독대

현대화 물결 따라 삶의 터 변하였다
골목길 낮은 주택 아파트 변신하고
정겹던 마당 모습은 옛 추억이 되었다

빨랫줄 잠자리도 처마 끝 제비집도
밥 짓던 굴뚝 연기 아련히 흩어지고
눈 덮인 장독대마저 액자 속에 담겼다

항아리 맷돌들은 카페의 소품 되고
옛 문짝 엎어놓아 찻상을 대신하니
흐르는 세월과 함께 기억 저편 흐른다

분꽃 얼굴

고향집 담장 밑에 분꽃 앞 작은 아이
쪼그려 앉은 모습 아련히 떠오르네
호기심 가득한 얼굴 분꽃 빛을 닮았네

학교의 화단에도 친구 집 마당에도
골목길 담장 따라 피었던 그 꽃들이
타국 땅 내 집 마당에 붉게 붉게 피었네

까만 씨 곱게 갈아 뺨 위에 분 바르고
서로를 바라보며 까르르 웃음 웃던
그 시절 그 동무 얼굴 분꽃 되어 피었네

가족의 품

추억의 입맛

한 덩이 감자에다 한 꼬집 소금이면
빈곤한 살림살이 한 끼로 훌륭했지
열무에 국물 더하면 더할 나위 없었다

화려한 식탁 위에 갖가지 먹거리가
초라한 입맛 앞에 갈피를 못 잡으니
왕성한 그 시절 입맛 그리워만 지누나

철없던 어린 시절 밥투정 반찬 투정
삼 일만 굶기라던 옛 어른 호통 소리
이제는 들을 길 없어 입맛만큼 그립다

어머니 밥상

소박한 밥상 위에 검소한 삶이 피고
식탁 위 풍요함이 식탐만 키워가니
건강을 해칠까 하여 숟가락을 멈춘다

무제한 제공되는 식당이 넘쳐나고
조리된 음식들은 입맛을 사로잡아
빈 접시 하나 둘 높이 욕심만큼 쌓인다

편의점 냉장고엔 넘치는 즉석식품
손맛이 닿지 않은 비닐 속 차가운 밥
어머니 손맛 어렸던 그 밥상이 그립다

어머니

밥 먹고 가려무나 행여나 배곯을까
붙잡아 앉히시던 어머니 옛 모습이
사진틀 밖으로 나와 미소 띠며 붙드네

따뜻한 그 손길을 바쁘다 뿌리치고
그 사랑 외면했던 철없던 그 시절이
가슴에 후회로 남아 눈시울을 적신다

어머니 웃으시며 잘 가라 손 흔들던
그 환한 미소마저 한없이 그립건만
내 모습 어머니 닮아 대문가에 서 있다

어머니 숨결

순간의 호흡마저 소중히 맴도나니
그날의 그 눈동자 내 안에 머무르고
바람결 따라 흐르며 문득 나를 깨운다

잊혔다 믿은 기억 햇살에 다시 피어
손끝에 닿던 온기 가슴 속 불 지피고
침묵의 긴 강 거슬러 긴 이야기 나눈다

지나간 모든 것이 가려져 안 보일 뿐
가슴에 인화되어 시간도 못 지우니
무시로 꿈길을 따라 내 곁에 와 머문다

아버지

쉬흔둘 젊은 나이 그리도 급하셨나
자식들 효도 한번 누리지 못하시고
한 몸에 암울한 시대 끌어안고 가셨소

추억은 많았건만 아이 적 추억이라
일방향 사랑만을 받고서 살았었네
주머니 한 움큼 땅콩 꺼내주신 기억들

내 아이 찾아와서 아비라 챙길 때면
효 한 번 하지 못한 아쉬움 피어올라
마음속 깊은 곳에서 불러보는 아버지

아버지 숨결

아버지 젊은 시절 과수원 지인 통해
복숭아 묘목 하나 선물로 받으셨네
삽 끝에 마음을 실어 정성스레 심었다

과수에 문외한인 얼치기 농사꾼들
귀동냥 얻어들은 부족한 지식 믿고
앙상한 몸통 남긴 채 모두 잘라 버렸다

봄바람 스쳐 가니 깊은 잠 자던 나무
새순을 깨우더니 꽃피고 열매 맺네
복숭아 향기 날리니 아버지의 숨결이

어버이

매끄런 이마 위에 세월이 흘러가고
머리엔 희끗희끗 서리가 성성하다.
빛바랜 세월의 자취 사진 속에 남겼네

살아온 모진 세월 힘겨운 보릿고개
허기진 자식들을 눈물로 지켜보던
그 시절 어버이 마음 헤아릴 수 있으랴

식민지 삼십육 년 육이오 동란까지
몸고생 마음 고통 얼마나 크셨을까
굽은 등 굽은 다리에 세월의 짐 보인다

모정의 세월

한 그릇 정한수에 하늘을 담았구나
집 떠난 자식들의 평안을 기원하며
여명의 하늘 우러러 마음 띄워 보낸다

정한수 한 그릇이 최고의 가치라오
과부의 엽전 한 닢 마음을 담았으니
모정의 애끊는 기도 하늘인들 모를까

여명에 띄운 기도 하늘에 닿았을까
바람결 실려 오는 자식의 소식들로
어머니 주름진 눈가 감사 이슬 맺힌다

세월의 흐름

지지 않는 꽃

오늘도 그날처럼 꽃들이 만개하고
신록에 반짝임이 바람을 맞이하네
어머니 가시던 그날 화창했던 그대로

온화한 그 미소와 따뜻한 그 음성은
영원히 가슴속에 바래지 않는 초상
어려운 시간 지낼 때 내게 힘이 되시네

꽃 피는 봄에 오셔 꽃 피는 봄 가시니
어머니 그 모습은 꽃으로 기억되리
영원히 시들지 않는 지지 않는 꽃이여

/4주기를 맞는 아침 어머니를 기리며

그렇게 세월은

당연히 생각했네 부모님 크신 사랑
떼쓰고 조르면서 맘고생 시켰었네
깨달아 알게 될 즈음 두 분 먼 곳 가셨네

어느덧 세월 흘러 내 아이 부모 되고
지난날 내가 겪은 그 시간 살아가네
떼쓰며 조르는 손녀 나의 지난 옛 모습

겪으며 그러려니 모르니 자식이고
철들어 알 나이쯤 세월에 실려 가니
그렇게 세월 흐르고 아쉬움도 흐른다

아랫목의 추억

날씨가 추워지며 아랫목 떠오르네
자식들 추울세라 군불을 지피시고
새벽잠 설쳐가시며 연탄불을 살폈네

아랫목 온기 속에 푸른 꿈 키워주고
험난한 가시밭길 묵묵히 걸으셨네
눈밭 길 헤쳐가시던 깊고 고운 발자취

시간은 흘렀으나 그 온기 여전하니
따스한 그 사랑을 이제야 헤아리네
잡으려 손 내밀어도 닿지 않는 그 시절

할미와 약속

해님을 기다리며 오가는 손녀 아이
해 뜨면 아스크림 주겠단 할미 약속
안갯속 해는 머물러 아이 속만 태운다

둥근 해 떠올라라 안개의 심술 걷고
예쁜 애 아스크림 저토록 기다리니
따스한 할미 기도에 동녘 하늘 물든다

해님은 솟아올라 아이는 깡충 뛰고
할미의 나비걸음 냉장고 향해 갈 때
햇살은 창가에 내려 밝은 미소 보낸다

그리움의 여운

황혼빛 고향

한여름 더위 피해 바다를 향해 간다
터널을 지나면서 눈앞에 펼쳐지는
해 질 녘 산타모니카 붉게 물든 태평양

해변의 모래 위로 석양이 내려앉고
갈매기 흰 날개깃 파도빛 스며들 때
마음은 황금빛 바다 꿈결처럼 건넌다

옛 추억 늘 그렇듯 꿈 저편 머무르다
푸르름 빛을 잃고 황혼에 서게 되니
그리움 노을 머금고 마음에 와 앉는다

버리지 못하는 것

어머니 앉으셔서 성경을 읽으시고
식사도 하시면서 온화한 미소 짓던
초록빛 가죽 시트 위 그리움이 흐른다

서재에 옮겨놓고 체온도 느껴보며
어머니 생전 모습 아련히 떠올리네
나른한 한낮 오후를 추억으로 적신다

세월이 덧칠해도 온기는 여전하여
창가에 내린 어둠 그 빛을 못 가리니
찻잔 든 어머니 숨결 향기 되어 남으리

부제/ 어머니의 의자

석탄 열차

당인리 철길 건너 논과 밭 구비 돌아
물고기 잡던 기억 엊그제 일 같건만
세월의 물결에 실려 육십 해가 흘렀네

세월을 거스르며 아련히 피어나는
정겹던 동무들과 얼음판 팽이치기
얼은 손 호호 불면서 구슬치기 했었네

발전소 굴뚝 연기 열차의 기적소리
바람에 흩어지고 귓가에 멀어질 때
희미한 기억 저편에 석탄 열차 달린다

말리부의 낙조

말리부 푸른 바다 낙조에 물드는데
저 너머 어딘가에 내 조국 대한민국
그리운 내 친구들은 무얼 할까 어디서

꿈속에 다녀가던 어릴 적 소꿉동무
시린 손 호호 불며 목도리 둘러주던
지금쯤 그 친구 역시 변했을까 나처럼

물새도 무리 지어 저리들 날아가나
이국땅 나그네는 바다만 바라보네
노을 속 이내 마음이 세월 건너 닿을까

반딧불로 흐르리

짧다면 짧은 인생 먼 길을 돌아왔네
되돌아 회상하니 희뿌연 안개 속 길
어릴 적 반딧불 하나 반짝이며 흐를 뿐

오늘은 그 길 위에 조용히 멈춰 선다
스쳐 간 얼굴들이 마음에 머물다가
햇살에 녹아드는 듯 활짝 웃고 떠난다

내일의 나는 필연 바람에 실려 가리
머무는 이 자리에 조그만 흔적 하나
어둠에 작은 빛 되어 반딧불로 흐르리

3부
빛으로 가는 길

삶은 흐르는 강물처럼
과거와 현재, 미래를 잇는다.
그 흐름 속에서 나는
자연을 바라보며 멈추기도 하고,
사람을 생각하며
진리와 빛을 향해 걸어간다.
그 길 위에서,
시는 나의 등불이 되었다.

■ 진리와 깨달음

진리를 향하여 / 진리를 찾아 / 길을 묻다 / 과정의 빛
마음의 촛불 / 어두워 빛을 노래하노라 / 해방 / 영원을 향한 여정
영원의 언덕에서 / 빛과 어둠의 사색 / 빛과 어둠의 조화 / 찰나의 빛

■ 내면과 사색

내면의 여정 / 꾸밈없이 / 생각으로 그린 자화상 / 남겨질 그림자
고난의 향기 / 존재의 흐름 / 나로 살기 / 소리와 침묵의 조화
말의 온도 / 기억이 빚은 나 / 몽돌 닮은 인생 / 검은 거울
그림자를 지나 / 거울 속 인생 / 조화의 여정 / 의미 부여
나는 누구인가 / 쏟아진 자화상 / 사유의 각성 / 사유의 숲
감춰진 것들 / 겸손과 성찰 / 마음의 일 / 몸의 길 마음의 길

진리와 깨달음

진리를 향하여

본 대로 느낀 대로 마음의 울림 따라
왜곡된 세상 가치 등 뒤로 밀어내고
본연의 삶의 길 따라 나의 길을 가련다

흐르는 바람 소리 발끝에 묻은 흙 향
흔들림 없이 서서 의심은 멀리 두고
내면의 작은 빛 따라 또 한 발을 내딛네

내 안에 깃든 허상 한 겹씩 벗어내며
빛 좇아 향한 발길 그 끝에 이르러니
진리가 내 안에 있어 잃었던 나 반긴다

진리를 찾아

진리 내 밖에 있나 내가 네 밖에 있나
긴 세월 너를 찾아 끝없는 길 걸었네
별빛에 부탁도 하고 바람에도 물었지

그러나 한결같이 대답은 침묵였네
말하려 하는 순간 말끝서 흩어지고
침묵이 깊어질 즈음 네가 나로 피어나

길 끝에 선 이 자리 이미 너 있었구나
너와 나 처음부터 둘 아닌 하나였네
너 찾아 헤매던 그 끝 찾은 것은 나였네

길을 묻다

초행길 낯선 바다 파도에 기대보나
거칠고 드센 파도 고개만 가로저어
자신도 처음 닿은 곳 아는 길이 없단다

파도여 순례자여 떠도는 인생이여
답 없는 인생 여정 스스로 길을 낸다
부침을 거듭해 가며 한 걸음씩 나간다

내 안에 작은 등불 험한 길 비춰준다
파도와 발자국은 희망의 동반되어
저 멀리 수평선 너머 새벽빛을 향한다

과정의 빛

생각이 머무는 곳 발걸음 멈춰 서면
기쁨에 겨운 몸이 한마당 춤추련만
생각은 길을 내지만 발걸음이 더디네

이상과 현실 사이 걸음은 흔들려도
그 길을 향한 여정 큰 의미 담겨있네
행복을 꽃으로 보나 꽃을 피워 가는 길

생각은 책상에서 하늘을 날아가도
현실은 굴곡진 길 한 발씩 나아가네
과정은 꽃을 피우나 달은 차면 기운다

마음의 촛불

빛으로 이어지는 길 따라 걸음 떼니
어둠이 밝아지며 하나둘 눈을 뜨네
때로는 눈부심 피해 멈추기도 하면서

어제의 밝던 빛이 오늘에 흐려지고
내면의 목마름은 또 다른 빛을 좇아
욕망의 언덕 너머로 정처 없이 헤맨다

네온 빛 가득 채운 눈부신 도시 불빛
세상의 화려함도 고향 집 작은 촛대
호흡 끝 흔들린 촛불 꺼뜨리지 못한다

어두워 빛을 노래하노라

꽃노래 식상했네 세상이 꽃만인가
황량한 들판에는 바람만 가득한데
꽃 없는 세상 향하여 애써 눈을 감았다

사랑가 귀 돌렸지 메아리 없는 노래
서로를 찌르는 말 미움만 쌓이는데
그 소리 공허함 피해 침묵으로 답했다

이제야 알 것 같아 어둠 속 빛의 노래
그들이 옳았었네 꽃이여 사랑이여
어두워 빛을 노래한 선구자의 노래를

해방

내면에 담아놓은 창조주의 숨결마저
스스로 재단한 틀 깊은 곳에 묻어두고
오늘도 어둠의 길을 정처 없이 걷는다

고치 속 갇힌 내가 나비인 줄 몰랐었네
긴 잠 서 깨어보니 깊은 어둠 사라지고
하늘은 내게로 열려 밝은 빛을 비춘다

펜 들어 그려가니 우주마저 품고 남아
깨달음 찰나 순간 어둠 벗고 날아올라
무한한 생명 품고서 새 아침을 맞는다

영원을 향한 여정

나뭇잎 떠나보낸 활엽수 가지들의
깔끔한 뒷모습이 왜 이리 허전할까
지는 해 가리워주던 잎새들이 그립다

때 되면 가야 하고 보낼 건 보내야지
잡는다 잡혀지고 막는다 멈춰질까
흐르는 세월 기대어 정처 없이 흐르네

초목은 훈풍 불면 또다시 피련만은
단 한 번 인생의 길 어디서 만나려나
시공간 경계를 건너 영원 품고 만나리

영원의 언덕에서

고갯길 올라간다 끝없는 오르막길
정상은 하늘 닿고 거친 숨 턱에 닿아
가쁜 숨 달래가면서 한 발 한 발 오른다

그곳에 올라서면 쉴 곳이 있으려나
마루턱 올라서니 석양의 저녁노을
그 길은 내리막 아닌 영원으로 향한 길

인생은 오르막길 내리막 없는 여정
영원의 길목에서 참된 쉼 얻으리니
내리막 우리 인식의 한계였을 뿐이네

/피노스 마운틴에서

빛과 어둠의 사색

내 마음 도화지 위 살포시 물들이면
어떻게 그려질지 어둠과 빛 그릴까
마음의 흐름을 따라 조심스레 옮긴다

어두운 밤 바닷가 파도가 밀려오고
무채색 수채화 위 별빛이 내려앉아
서재 벽 은은히 채울 사색의 빛 그릴까

어둠은 빛을 불러 황금빛 해바라기
햇살에 고개 들고 환하게 미소 짓는
아크릴 그 화려한 빛 거실 한편 채울까

/빛과 어둠이 날실과 씨실 되어
어우러지며 삶을 짓는다

빛과 어둠의 조화

어둠이 드리우며 별들이 찾아오네
더하여 짙어지면 태양이 떠오르리
어둠의 존재 없이는 빛이 존재 못하네

어둠이 깊어서야 먼동이 터오듯이
고통을 딛고서야 기쁨도 피어나리
어둠이 빛을 부르니 같은 이치 아닌가

낮과 밤 교차하듯 인생도 그러하네
어둠과 빛마저도 하나로 어우러져
희비가 서로 부르며 물결처럼 흐르네

찰나의 빛

파도는 영원한데 오고 간 발자취는
바람에 흩어지고 파도에 지워지니
가벼운 인연마저도 찰나에서 빛나네

인생은 영원 속에 빛나는 결정체라
순간서 영원 보니 인생이 왜소하나
영원서 순간을 보니 별빛처럼 빛나네

순간이 영원 품고 영원은 순간 사니
영원은 순간 안에 순간이 영원 속에
순간이 부싯돌 되어 영원의 빛 밝히네

/말리부 해변 산책 중

내면과 사색

내면의 여정

지는 해 넘어가며 마지막 한 줄기 빛
거실 안 깊숙한 곳 고요히 스며든다
나선 곳 긴긴 그림자 세월 함께 서 있다.

석양은 지난날을 깊숙이 조명하며
어둠과 밝음마저 마음에 불러들여
엉켜진 매듭 풀도록 마음 등불 밝힌다

노을은 화해의 빛 묶인 것 풀어내고
자유의 신발 신겨 경계의 벽을 넘네
저 빛에 살고 지리니 자유 하는 영혼아

/거실에서 지는 해와 함께

꾸밈없이

풀 먹인 베옷처럼 때로는 거칠어도
일상의 언어들로 담백히 전하려네
비단옷 반짝이지만 내 이야길 써가며

아이의 눈동자로 세상을 둘러보고
거리에 펼쳐지는 소박한 삶을 엮어
순한 말 한 올씩 담아 바람결에 띄우리

바람에 실은 마음 흘러가 떨어지고
싹트고 꽃이 피면 그 향기 함께하리
아이의 작은 가슴은 설렘 속에 뛰겠지

생각으로 그린 자화상

말 따라 길을 간다 쏟아진 생각 따라
머리에 맴돌던 것 바람결 붙잡아서
쏟아낸 생각 끝자락 내가 조금 보인다

희미한 시야 너머 인화된 나의 모습
생각이 나였었네 길 위에 발자국이
생각은 나를 이끌고 오늘 여기 서 있다

물길이 마른 곳엔 물방아 멈춰서고
생각을 쏟아낸 곳 사유의 꽃이 피네
생각이 흐르며 남긴 지난날의 자화상

남겨질 그림자

만남의 그 뒤에는 헤어짐 숨겨있네
이별의 순간까지 실체와 그림자로
이별의 순간 너머도 그림자를 남기네

헤어짐 필연이네 시기의 문제일 뿐
나와의 헤어짐도 다르지 않을 터니
함께한 모든 순간이 지나 보면 귀하네

깊고도 귀한 인연 그 안에 담긴 빛은
떠나는 그 순간에 홀연히 사라져도
우리가 지나온 여정 그림자로 남으리

/사랑하는 이들에게
어떤 그림자로 남을까 생각하는 밤에

고난의 향기

어둠에 심은 씨앗 꽃으로 피어나니
향기에 취한 자여 생명을 노래하라
생명을 노래하는 자 그대 바로 꽃이라

씨앗이 생명이며 생명은 아름다워
어둠 속 씨앗들이 꽃 되어 피어나니
고난의 아름다움을 생명 안에 담았네

삶 속에 스며드는 고난을 노래하니
고난이 꽃이 되고 인생의 향기 되네
꽃보다 더 아름다운 고난 품은 그대여

존재의 흐름

부딪침 경계하며 거리를 두고 간다
이웃과 관계에서 세월과 부침에도
이성과 감성의 흐름 부딪침을 피한다

부딪쳐 깨어지니 결정이 보석되고
고치 속 깨어나니 비로소 나비 된다
깨어져 마음 열리니 동서남북 열린다

찢겨진 상처 위에 진줏빛 영롱하고
뜨거움 이겨내며 도기는 빛을 낸다
깨어진 생각의 조각 진리 향해 흐른다

나로 살기

하늘은 변함 없네 옛날의 그 옛날도
먹구름 덮어와도 천둥이 흔들어도
제자리 굳게 지키는 변함없는 그 하늘

나 역시 나였었네 어제도 이 순간도
세파에 흔들려도 변한 듯 그날들도
서툴고 부족했지만 다름 아닌 나였네

태양이 달 못 되고 나 또한 그러하네
달빛은 달빛대로 태양도 제빛대로
닮을 수 있을지라도 제빛으로 빛나네

소리와 침묵의 조화

산기슭 돌아서니 고속도로 차량 행렬
기차의 기적소리 옛 추억이 실려 오고
구급차 긴 경적소리 애환 실어 나른다

계곡에 들어서니 바람마저 숨죽이고
침묵의 소리만이 마음의 창 두드린다
소리는 귀를 열지만 침묵 마음 열도다

다양한 소리 속에 마음결은 출렁여도
소음에 엉킨 걸음 침묵 속에 길 찾으니
도시와 자연 오가며 인생길을 걷는다

말의 온도

배설로 건강 보고 언어로 인격 본다
고운 말 한마디에 얼굴은 미소 짓고
던지듯 쏘아붙인 말 찬 서리가 내린다

차디찬 한마디 말 오던 봄 멀어지고
다가선 벌과 나비 한사코 날아간다
말이란 참 묘하구나 봄과 겨울 오가니

고운 말 나누는 삶 결 따라 훈풍 부니
서툰 말 되뇌이며 다듬어 길을 간다
오늘도 온기 지피며 따뜻한 말 나눈다

기억이 빚은 나

시간은 앞만 보고 나는 뒤를 돌아본다
멈춰 선 자리마다 흔적 하나 남겨지고
그 조각 하나둘 모아 오늘 나를 세운다

잊었다 여긴 기억 문득 다시 깨어나고
사소한 눈빛 하나 밤을 길게 물들인다
흘러간 어제의 시간 오늘 나를 흔든다

미래는 미지의 땅 아직 닿지 않은 세상
오늘이 나만의 것 이 순간을 살아가나
시간은 이 순간마저 기억으로 빚는다

몽돌 닮은 인생

잔잔히 깃든 평온 부러워 말하려다
파도가 할퀴고 간 또 다른 네 모습에
전하려 목을 넘던 말 삼키고야 말았지

네 위로 바랐건만 너마저 흔들리니
부서진 파도처럼 기대도 흩어지네
너 또한 나와 같으니 너를 위로 하노라

인생이 그런 거지 바다의 속삭임에
밀려온 파도 따라 번민도 씻겨가니
구르며 다듬어 가는 몽돌 같은 인생아

검은 거울

생각이 지워지고 거울은 빛을 잃어
거울 앞 내 모습은 어둠 속 그려진다
자판과 화면에 담긴 내 영혼은 어디에

생각이 멈춘 자리 공허한 발걸음은
네비가 전한대로 분주히 움직인다
그 길의 끝은 어딜까 안개 속에 묻은 채

무심코 고개 들어 창밖의 꽃을 본다
바람에 흔들리는 한송이 붉은 장미
조용히 손을 건내며 내 영혼을 이끈다

그림자를 지나

그림자 위를 걷네 평행대 위를 걷듯
양손을 활짝 펴고 발끝에 힘을 주며
행여나 벗어날새라 조심스레 걷는다

환경이 빚어놓은 그림자 위에 서서
자신이 주인인 듯 스스로 선택한 듯
나 아닌 그림자 위를 벗어나지 못하네

허상의 테두리를 벗어날 두려움에
자유와 경계 사이 고뇌에 잠기지만
익숙한 그림자 지나 믿음 품고 떠난다

거울 속 인생

새것만 내보이고 빛으로 치장하네
묵은 것 차곡차곡 마음에 쌓여가고
화려함 벗겨진 자리 허망함만 맴돈다

진실은 늘 불편해 그 답은 저편 멀리
거울 속 미로에서 길이라 착각하며
출구를 찾아 헤매다 나는 나를 잊었네

거짓 빛 밝을수록 그림자 짙어지고
어둠이 짙을수록 참 빛이 그리워져
진리는 어둠 속에서 더욱 빛을 발하네

조화의 여정

따뜻한 마음의 길 머리가 거부하고
차가운 머리의 일 마음이 막아서네
서로가 훼방하나니 무슨 일을 하리오

하나가 둘이 되고 둘 다시 하나 되면
손발이 함께하여 더없이 좋으련만
어긋난 화음 속에서 흐트러진 춤사위

수많은 시행착오 다툼 끝 깨닫나니
감성이 품어 안고 이성이 길 열어줘
마침내 거리 좁히며 조화 이뤄 나간다

의미부여

무심코 내려다 본 짙푸른 가죽 신발
운동화 대신하여 편하게 즐겨 신는
이국땅 여덟 개국을 함께 밟은 일상화

의미를 부여하니 다르게 느껴지네
들에 핀 잡초 하나 이름을 붙여주니
꽃 되어 노래 부르고 눈길 한 번 더 준다

아무개 불려지며 스쳐 간 인연들은
그들도 나를 향해 그렇게 불렀으리
들판의 잡초마저도 제 이름을 갖건만

나는 누구인가

인간은 자유하나 그 자유 내 것인가
환경이 허락한 틀 태어난 장소 언어
주어진 환경 따르는 그림자는 아닐까

무의식 속에 새긴 수많은 기준 아래
떠밀려 선 이 자리 선택의 환영인가
제한된 의지마저도 운명에게 내주고

욕망에 끌리는 나 사회의 눈빛 속 나
두터운 환경의 벽 의지로 길을 내고
스스로 헤쳐 나가는 나는 진정 나인가

쏟아진 자화상

감정도 못 숨기고 표정도 못 감추네
생각도 다 드러나 글마저 서투르니
숨겨야 깊어질 텐데 피할 길이 없구나

비유도 어색하여 남의 옷 티가 나고
불러온 은유들도 내 언어 아니구나
감추려 애를 쓸수록 드러나는 허울뿐

그래도 또 쓰게 돼 숨길 수 없는 까닭
쏟아진 생각들이 종이 위 번져가고
흐르듯 그린 자화상 덧칠 없는 나였네

사유의 각성

마음이 분주하니 생각이 멈춰 선다
쉼 없는 발길에도 제자리 오고 가고
두텁게 덧칠된 생각 깊은 잠에 빠진다

마주한 두 갈래길 생각은 잠이 들고
발길은 서성이며 갈 길을 몰라 할 때
생각을 흔들어 깨워 사유의 길 걷는다

생각은 길을 내고 미래를 결정한다
오늘은 어제 생각 그 위에 새워지네
생각을 폄하 말지니 생각이 곧 나이다

사유의 숲

솔 향기 푸른 하늘 골바람 고운 햇살
포근히 안아 주는 너 있어 내가 있다
오늘도 나를 이끌어 사유의 길 걷게 해

성처럼 둘러선 숲 소나무 고요한 품
좁다란 밤하늘은 은하로 가득 차고
그 속에 잠긴 내 마음 별빛 닮아 빛난다

어둠이 짙어 가며 은하는 밝아지고
바람결 스친 빛에 추억이 일렁인다
과거를 품어 안으며 나를 찾는 밤이여

감춰진 것들

화려한 손가락에 달빛이 감춰지고
화려한 꽃에 취해 향기를 잊게 되듯
찬란한 시어에 갇힌 소식들은 길 잃네

화려한 옷자락에 예쁜 손 감춰지고
화려한 음악 속에 삼켜진 작은 밀어
눈부신 무대 위에는 주연조차 빛 잃네

소박한 등불 아래 진실은 빛이 나고
화려함 뒤안 길엔 공허함 밀려드니
진실은 어두운 곳 서 그 광채를 더하리

겸손과 성찰

햇살이 눈부시고 바람은 뺨 스친다
밤사이 내린 폭우 일상은 흔들리고
침묵의 길 앞에 서서 발걸음을 헤인다

익숙한 길이라며 내디딘 발걸음이
돌부리 하나에도 갈피를 못 잡더라
고개를 들었다가도 이내 낮게 숙인다

세상이 들려주던 주머니 속의 조언
넘어진 다음에야 손끝에 만져지고
상처가 아물어가며 새로운 길 익힌다

마음의 일

감나무 전지한다 가을의 결실 위해
아쉬움 접어두고 과감히 잘라낸다
모양은 두 번째치고 열매만을 바라며

관상수 모양 보나 유실수 결실 본다
내 모습 돌아보니 불현듯 궁금하다
나 또한 둘 중 어딘가 자리하고 있겠지

열매를 바라보며 모질게 쳐낼 건가
외형에 마음 두고 안고서 갈 것인가
가위를 쥔 마음 안에 내일의 꿈 익는다

몸의 길 마음의 길

늘어진 근육들아 탄력은 어디 갔나
축 처진 어깨 아래 엇박자 걸음 따라
깨어진 리듬 밟으며 휘청이며 걷는다

저문 해 끝자락을 살며시 움켜쥐고
나태한 마음 깨워 무릎을 일으키네
몸으로 그려낸 길 위 생각 뒤를 따른다

느슨한 노년기에 긴장은 풀어지고
한 번의 헛디딤에 삶마저 흔들리네
마음은 멀리 달려도 길은 몸이 정한다

4부

신앙의 길

보이지 않는 길을 따라
믿음의 발걸음을 옮긴다.
의심과 갈등 속에서도
작은 빛을 따라가면
영혼은 스스로를 회복하고
하나님 안에서 참된 나를 만난다.

신앙의 시작-하나님과 나

날 지으신 하나님

주께서 지은 세상 보면서 인식하네
낮에는 두 눈으로 밤에는 마음으로
물소리 바람 소리서 주님 숨결 느낀다

얼마나 신비한가 지으신 모든 세상
사철의 아름다움 오감이 보게 하니
하나님 행하신 사랑 부인할 이 누구랴

하나님 일하심을 해와 달 전해오고
졸지도 않으심은 별빛이 증거하니
주야로 함께하시는 날 지으신 하나님

오 주여

오 주여 입에 붙은 한마디 고백으로
침상을 벗어나며 하루를 시작하네
오 주여 단 한마디에 내 모든 것 담았네

장황한 기도보다 예수가 주인 되니
주님께 의탁한 삶 나의 삶 아닐진대
주께서 인도하심에 순종하며 걷노라

아침 해 떠오르고 저녁달 비추나니
천부가 하시는 일 미덥지 아니한가
주야로 함께하시니 오 주여면 족하다

화평의 단

분열의 시대 살며 나눠진 마음들이
하나가 되어지길 바라는 나의 기도
화평케 하라 신 말씀 가슴 깊이 새긴다

하나님 바라보며 한길로 나아가네
세상을 향한 발길 성령의 인도 받아
하나님 함께하시니 사랑으로 행한다

하나님 사랑이라 모든 것 품게 하네
육신의 뜻 따르면 나눠고 흩어지나
영으로 뿌린 삶 뒤엔 화평의 단 거둔다

성령의 인도

성령의 바람

바람은 고요하니 돛 내려 노를 젓네
갈 길은 아득하고 해마저 기우는데
한줄기 작은 불빛에 의지하며 떠간다

바람이 멈춘 바다 나 홀로 노를 잡고
곤고한 인생 항해 싸우듯 나아가다
성령의 바람 불어와 돛을 올려 맡긴다

성령은 주님 선물 길 잃어 방황할 때
도움의 손길 뻗어 주야로 인도하네
주께서 주신 평안함 내 마음에 넘친다

주 은혜 시가 되고

인생길 험난한 길 곤하여 기진할 때
초장과 시냇물 가 주인도 하시도다
목마름 다시없으니 감사한 것뿐이라

밤 되어 어두워져 길 잃고 헤매일 때
주께서 일찍부터 나 위해 예비한 곳
천국에 소망 있으니 찬양하며 나가네

주은혜 시가 되고 내 노래 간증되네
호흡이 있는 동안 주 찬양 하리로다
주 얼굴 뵈오는 날에 찬양하며 맞으리

주님 기뻐하시면

내 걸음 멈추는 곳 주님이 계시다면
오늘의 작은 시련 헛되지 아니하리
내 눈물 흐르는 자리 주님 함께 계시면

내 기도 흘러가서 주님께 닿는다면
서투른 나의 기도 기쁘게 받으시면
모든 것 주님 뜻대로 기도할 수 있다면

가난한 마음으로 애통한 심령으로
온유와 의와 자비 마음이 깨끗하여
주님을 뵐 수 있다면 더한 기쁨 없으리

결국에 보게 되리

보이지 않는 기운 산과 들 살려 내고
보이지 않는 바람 나뭇잎 춤추게 해
보이지 않는 생각이 오색 장미 피운다

보이지 않는 온기 마음 문 열어 주고
보이지 않는 슬픔 눈물로 맺혀 흘러
보이지 않는 소망이 어두운 곳 밝힌다

보이지 않는 말씀 믿음의 길을 열고
보이지 않는 진리 어둠을 깨뜨리니
보이지 않던 은총도 결국 보게 되리라

순종과 삶의 체험

순종

초대된 초청장엔 차편도 함께 적혀
장소를 확인한 뒤 여러날 길 걸었지
별빛을 등불 삼으며 흙먼지 길 걸었네

눈물과 땀방울은 몸과 맘 다 적시고
길고 긴 여정 끝에 조용히 숨 고르네
그러나 안도도 잠시 그 문 닫혀 있었네

항의도 닿지 않는 닫혀진 문 앞에서
뒤늦게 알게 되는 순종의 참된 의미
그분이 내신 길 위에 문이 열려 있음을

귀향

죽음은 귀향이다 긴 여행 끝마친 후
고향 땅 아버지 집 돌아가 쉼을 얻네
지치고 곤한 영혼을 기뻐하며 반긴다

광야 길 거친 세월 어딘들 쉼 있으랴
지난날 돌아보니 기적이 따로 없네
매일의 순간순간이 하나님의 은혜다

범사에 감사하며 주님만 바라보네
흘리신 보혈의 피 날 속죄 하셨도다
그 은혜 굳게 붙드니 나를 받아 주소서

✿ 영원한 집

온종일 동무들과 공터에 둘러앉아
바둑돌 튕겨가며 즐기던 땅따먹기
까르르 웃어가면서 해지는 줄 모르네

엄마의 찾는 소리 일어나 둘러보니
태양은 서산 넘고 어둠이 짙어지나
돌아갈 집이 있으니 염려할 것 없겠네

인생의 어둠 오면 그대는 갈 곳 있나
이생에 안식처가 그대를 품어줄까
예수를 주로 고백해 아버지 집 거하네

묵묵히 걷는 그 길

예수를 따르는 이 무엇을 따름일까
하늘의 영광인가 십자가 고난인가
예수를 따르는 길은 십자가를 지는 길

십자가 따르는 이 누릴 것 하늘 영광
고난에 함께하니 영광도 함께 하네
십자가 고난의 길이 영광으로 가는 길

묵묵히 걷는 그 길 주함께 하시는 길
고난이 끝나는 날 주 얼굴 뵈오리라
눈물의 골짜기 끝에 하늘 영광 비춘다

✽ 마음 지키기

구름에 새긴 뜻이 바람에 흩어지고
바위에 새긴 뜻도 풍화에 깎여지며
마음속 새긴 뜻조차 마음 따라 흐른다

인생은 갈대련가 꺾이고 휘어지고
아침에 품은 뜻이 저녁에 스러지니
갈대의 흔들림 속에 뜻이 과연 머물까

만 가지 지킬 것 중 으뜸은 마음이라
마음을 굳게 하여 품은 뜻 이룰지니
믿음 위 굳게 새긴 뜻 풍화엔들 깎일까

십자가의 큰 사랑

저 높고 높은 곳서 하나님 오시었네
이 낮고 낮은 곳의 인간을 섬기시려
그 귀한 영광 버리고 이 땅 위에 오셨네

사랑의 그 손길로 병든 자 약한 자들
다 고쳐 주셨으니 만유의 주시로다
주님의 그 크신 사랑 헤아릴 자 누구랴

무지한 백성들은 그 은혜 외면하고
골고다 십자가에 예수를 못 박으나
저들을 용서 하셨네 십자가의 큰 사랑

십자가 사랑

자유의 십자가

오늘도 길을 걷네 걷는 것 멈추는 것
내 의지 따르면서 스스로 결정하네
의지의 한계 안에서 자유롭게 정한다

자유는 자의 하에 스스로 선택하되
관계에 얽힌 삶은 자유를 제한받네
그러나 사랑을 택한 아름다운 자유다

예수님 십자가는 자유의 표상이라
스스로 속박하사 참 자유 이루셨다
십자가 길 따르는 이 참된 자유 얻는다

인생과 영생

밖으로 나가던 힘 안으로 모아가네
시야도 좁아지고 청각도 희미하여
외연을 좁혀가면서 내면의 길 넓힌다

우주의 에너지는 갈수록 팽창하나
고귀한 인생만큼 제한된 삶을 사네
들풀과 구별된 인생 짧은 만큼 빛난다

하나님 주신 생명 육안에 담겼으나
하나님 거두시면 영으로 돌아가니
시공간 경계 지나며 영원 품에 안긴다

신앙적 발견과 사명

궁금증의 끝

끝없는 질문들은 본능의 소산일까
아이의 이거 뭐야 첫걸음 내디디며
먼 곳의 이르기까지 그 영역을 넓힌다

상자 속 감추어진 대상이 궁금하고
수평선 건너의 일 저 높은 하늘 끝 일
시야를 넘어선 일도 망라하여 찾는다

시간을 초월하고 공간을 넘어서서
사후의 일까지도 찾아서 헤매다가
마지막 한 조각 퍼즐 하나님을 만난다

토기장이

모세의 광야 인생 하나님 빚으셨네
모든 것 내려놓고 이드로 양을 칠 때
하나님 찾아오셔서 신발마저 벗기네

사백 년 노예 생활 광야로 이끄시니
만나와 메추리로 그 백성 먹이시고
불기둥 구름 기둥이 밤낮없이 지켰네

사십 년 광야 교회 몸과 맘 따로 할 때
그들을 깎고 빚어 구원을 이루시고
하나님 말씀 하시네 네 구원을 이루라

사명 받은 자여

계단을 오르면서 난간을 의지하네
지치고 피곤한 몸 난간이 세워주니
내딛는 발 걸음걸음 새 힘 받아 오른다

인생의 밤이 오며 목표가 흐려지고
육체는 쇠하여져 걸음이 무거울 때
사명이 난간 되어서 소망으로 이끈다

사명은 멍에 아닌 바람 앞 돛이 되어
험난한 파도 속에 길 밝혀 나가나니
사명을 받은 그대여 빛의 사자 들이여

길 위의 기도

길 가는 나그네여 머물곳 어디메뇨
구름에 달 가듯이 덧없이 흘러가니
흐르다 닿을 그곳을 어찌 알 수 있으랴

알고서 가는 인생 모르고 걷는 인생
같은 길 함께 간들 걸음이 다 같을까
진리가 여기 있으니 자유하는 비밀아

아는 듯 길을 가나 나 또한 나그네니
진리를 따르도록 내 걸음 이끄소서
어두운 세상 속에서 빛을 품게 하소서

빛으로의 여정

욕망은 해수 같아 마셔도 끝이 없고
기갈이 삼키나니 그 끝은 심연이라
욕망을 심연에 묻고 빛을 향해 나오라

빛 되신 예수께서 날 오라 부르시네
내 샘에 나아오라 갈증을 채우리라
더 이상 목마름 없는 생명 시내 물가로

내 안에 심긴 빛은 영원의 선물이라
빛으로 길을 열어 영원히 인도 하네
다시금 갈증 없으니 감사 찬양 뿐이라

부활과 소망

엠마오 가는 길

엠마오 두 제자가 고향을 향해 가다
예수를 만났으나 그인 줄 몰랐더니
마음이 뜨거워지며 예수인 줄 알더라

십자가 주 모습에 절망이 드리우고
황혼 녘 지친 걸음 어두운 마음속에
부활 주 찾아오셔서 빛이 되어 주셨네

두 제자 발길 돌려 성전을 향해 갈 때
엠마오 어둔 길에 새벽이 동터오니
예수님 부활의 소식 햇살처럼 퍼진다

하늘로 가는 길

지는 해 산 너머로 서서히 기울어도
새로운 빛 한줄기 소망의 등불 되네
죽음은 주님 품에서 새 아침을 여는 문

이생에 근심 걱정 바람에 흩날리니
이제는 두려움도 허상에 불과하네
주님 품 안기는 그날 찬양하며 맞으리

저 별빛 반짝이며 하늘 문 열리는 날
낯설던 이 세상과 이별을 고하리라
죽음은 끝이 아니라 아버지 집 가는 길

5부
여행과 추억

낯선 길 위에서
발걸음은 어제와 오늘,
그리고 내일을 걷는다.

여행의 풍경 속 작은 순간들이
하나둘 추억이 되고,
그 안에서 삶의 소중함과
시간의 흐름을 새삼 깨닫는다.

낙산사 / 한낮 산사 풍경 / 파도에 삼켜진 밤
아침 이슬 / 오솔길을 따라 / 꿈을 찾아 걷는 여정
말리부 찬가 / 빅베어에서 / 사막을 가르며
엔세나다의 밤 / 도나우는 흐른다
아기 신발 앞에서 / 돌계단을 오르며

낙산사

불길이 휩쓸고 간 산기슭 기슭마다
새 솔이 심어지니 갓난애 머리 같아
상처가 치유되려면 반백 년도 짧으리

생각에 깊이 잠겨 멈춰 선 고갯마루
의상대 올라서서 시간을 돌려보니
동해에 떠오른 태양 천삼백 해 비췄네

인생이 맺은 인연 길어야 백 년인데
고찰의 세월 앞에 내 모습 작아지네
인연의 희로애락이 뜬구름과 같구려

/고국 방문 중 낙산사에서

한낮의 산사 풍경

바람이 쉬어가니 풍경도 잠이 든다
단정한 소매 끝 선 고요히 몸 맡기고
꿈꾸듯 살랑거리나 끝내 울지 못한다

한낮의 매미 소리 깊은 숨 못 고르고
찌르륵 짧은 호흡 더위에 지쳤을까
수십 년 세월 끝에서 고향 내음 맡는다

노송은 높이 솟아 시간을 내려보고
이끼 낀 돌계단엔 지성의 발자국들
세상을 깨우던 범종 한낮 꿈에 잠든다

/고국 방문 중 진관사에서

파도에 삼켜진 밤

여행에 피곤한 몸 서둘러 드러눕네
텐트 밖 파도 소리 귓등을 두드리고
이웃의 발전기 소리 잠 못 드는 밤이여

시월의 끝자락 밤 바람은 차가웁고
바람과 맞선 파도 끝없이 포효하니
밤 산책 나서려 해도 몸이 답을 안 한다

조용히 일어나서 메모장 열어 들고
자판을 두드리며 하루를 정리한다
저 파도 잦아 잠들면 다시 잠을 청하리

/샌 시메온 캠프장 밤 풍경

아침 이슬

아침 해 떠오르고 새들은 지저귄다
촉촉이 젖은 마음 햇살에 널어 본다
텐트 위 아지랑이는 찐빵 솥의 김 같다

조그만 들꽃들은 이슬에 눈을 뜨고
가지 끝 산새들도 이슬에 멱감는다
생명이 이슬에 있다 우기 오기 전까지

흙먼지 날리던 길 고요히 가라앉고
바람이 걷히면서 파도도 잦아든다
아침의 따뜻한 햇살 모든 것을 품는다

/캠프장 아침 풍경

오솔길을 따라

캠프장 곁에 두고 이어진 산책로는
바다를 내려보며 완만히 이어지고
몸과 맘 부딪힘 없는 정감 어린 오솔길

숲 앞에 다다르자 흙 향이 코 스치며
촉촉한 생태 숲이 밀림을 방불케 해
건조한 남가주와는 숨결조차 다르다

침엽수 그늘 사이 무화과 노란 단풍
배나무 고목에는 열매가 익어가고
인디언 삶의 흔적들 바람결에 흐른다

꿈을 찾아 걷는 여정

바다와 산 오가며 자연과 함께한다
이슬과 해무 먹고 큰 숲을 이뤘구나
중가주 민둥산 사이 소나무 숲 휴양림

산길을 오르면서 눈에 띈 고라니는
어쩌다 간직한 꿈 말끔히 빼앗기고
눈조차 감지 못한 채 홀로 누워 잠드나

각시탈 눈썹 닮은 바다 위 초승달과
도시가 잃은 별들 촘촘히 하늘 덮어
이곳서 다시 만나니 꿈을 찾아 걷는 길

/산타 루시아 마운틴에서

말리부 찬가

새들의 지저귐에 텐트 밖 나가서니
싱그런 초목들이 반갑게 인사하네
향긋한 들풀 내음에 기지개로 답한다

하늘은 청명하고 바람은 시원하고
산새들 노래하고 산토끼 뛰어노는
츄마쉬 혼이 깃든 땅 말리부와 첫 숨결

태평양 푸른 바다 끝없이 펼쳐지고
범고래 내뿜은 숨 물보라 이루는 곳
생명이 살아 숨 쉬는 아름다운 말리부

/말리부 리오까르리오 캠프장에서

빅베어에서

물안개 피어나는 호수를 바라본다
하늘을 담고 있는 푸른빛 호수에는
커다란 물고기들이 무리 지어 노닌다

물에서 뛰노는지 하늘을 날으는지
하늘이 호수인가 호수가 하늘인가
하나로 어우러져서 경이로움 더한다

태양이 옮겨가며 모습을 달리하니
한낮엔 하늘 담고 오후엔 산을 담아
동화 속 요술경조차 이만하지 못하리

사막을 가르며

광활한 사막 위를 가르며 달려가네
좌우엔 눈보라가 차창엔 빗방울이
시공간 다른 풍경에 환호하며 달린다

먹구름 흰 구름이 설산에 쉬어가며
사이로 내린 햇빛 찬란한 그 햇살을
누구라 비슷하나마 흉내 낼 수 있으랴

동승한 지인들과 훈훈한 이야기꽃
겨울철 사막 속에 따뜻이 스며드니
사막에 꽃을 피우는 전령 되어 달린다

/모하비 사막에서

엔세나다의 밤

파도는 해안 따라 끊임없이 부서진다
미션의 십자가 위 붉은 해가 넘어가고
노을 속 기타 소리에 애수 실려 흐른다

불 밝힌 거리에는 노랫소리 흘러나고
테킬라 네온사인 행인 발길 유혹한다
타코 향 흐르는 거리 엔세나다 야시장

항구 위 둥근 달에 금빛 물결 일렁이고
낚싯배 작은 불빛 촛불처럼 깜빡일 때
여행의 피곤한 몸을 파도 위에 맡긴다

도나우는 흐른다

자욱한 연기 속을 강물은 침묵한 채
그림자 깊이 묻고 유유히 흘러간다
시간은 거슬러 흘러 잿빛으로 물든다

총성의 메아리 속 물새가 떠난 기슭
도시는 다시 웃고 왈츠도 흐르건만
도나우 그날의 울음 밤비 속에 씻었다

전쟁과 왈츠 사이 흐르는 도나우여
물새와 아이 웃음 벤치에 앉은 노인
스스로 치유하는 너 상흔 씻은 도나우

/헝가리 부다페스트에서

아기 신발 앞에서

부다 성 언덕 위에 높이 선 크레인이
과거의 아픈 상처 하나둘 들어내고
강변의 아기 구두가 애잔함을 더한다

오늘의 화려함 뒤 감춰진 슬픈 역사
피 흘려 스러져 간 아기의 작은 영혼
강물에 실려 흐르니 울부짖는 도나우

강변에 남긴 신발 삼키며 흘린 눈물
그날의 붉은 강물 피로 쓴 그날 일기
말없이 전하는 진실 도나우에 새긴다

/도나우 강변의 신발들

돌계단을 오르며

밀물에 섬이 되고 썰물엔 길이 되는
하늘과 바다 사이 천사가 머문 언덕
돌마다 새겨진 기도 하늘 향해 오른다

안개는 사제처럼 침묵의 겉옷 입고
돌계단 굽이돌아 성벽에 자욱하니
외세도 범접 못 하는 미카엘의 성이여

천년의 세월 건너 이어온 순례 행렬
딛고 간 계단마다 인생의 담긴 질문
바람에 실려 온 소리 믿음만이 답이다

/프랑스 몽생미셸에서

6부

공존의 다리 위에서

사람과 사람 사이,
세상과 자연 사이,
조용히 놓인 다리를 걷는다.
갈등과 욕심의 그늘을 지나
서로를 이해하고,
함께 나아가는 힘이
진정한 아름다움임을 배운다.

■ **삶과 마음의 온기**

겨울의 온기 / 살다 보니 / 웃었으면 좋겠다 / 산을 닮은 사람

■ **인간과 사회**

물 관리 / 틈의 미학 / 누가 지리오 / 욕심의 그늘 / 가치와 분열
시대정신 / 노동의 가치 / 사람만이 답이다 / 상생의 힘

■ **시간과 생명의 순환**

영원을 잇는 다리 / 아름다운 유산 / 소생
봄은 또 오고 / 꽃은 다시 핀다

삶과 마음의 온기

겨울의 온기

겨울에 띄운 편지 봄보다 따뜻하다
봄날의 꽃샘추위 심통에 시려와도
겨울의 맑은 기운을 누구라서 샘내랴

온기는 계절 아닌 마음서 오는 걸까
시기와 질투 모두 계절을 거스르며
한여름 서릿발 아래 발걸음을 묶는다

얼음이 녹은 자리 새싹이 움트듯이
사랑을 품은 마음 따뜻한 훈풍 되어
사랑의 씨앗 하나로 다시 봄을 부른다

살다 보니

사과라 말을 해도 감으로 알아듣고
불 끄라 말하여도 알아서 불을 켠다
되묻고 따지지 않고 손발 맞춰 나간다

머릿속 맴돌던 말 입 거쳐 달라지나
마음이 먼저 알아 앞서서 채워간다
생각과 따로 노는 혀 허허 웃고 넘긴다

세월이 깊어가며 잊히길 반복하나
눈빛만 마주쳐도 통하니 참 고맙다
서로의 부족함 안고 살아감이 복이다

웃었으면 좋겠다

해안선 따라 난 길 북으로 향해 간다
바다와 산 가르며 경계 위 지나간다
때로는 이어주기도 나누기도 하는 길

선택한 길을 따라 이름이 달라진다
이편과 저편 되고 우리와 너희 된다
길에서 만난 인연이 길 위에서 나뉜다

만나고 헤어지고 스치고 어긋나며
길 위에 파란만장 인생이 담겨있다
엇갈린 그 순간에도 웃었으면 좋겠다

산을 닮은 사람

그윽한 그 눈빛에 지혜가 묻어나고
잔잔한 잔주름에 미소가 담겨 있는
언제나 변함없어라 아름다운 사람아

세월의 깊이만큼 마음도 깊어가고
세파의 높이만큼 사랑도 넘쳐나네
입가에 미소 머무는 감사하는 사람아

지혜로 길을 내고 미소로 품어안네
사계절 한결같이 그 자리 묵묵히 서
따스한 위로 건네는 산을 닮은 사람아

인간과 사회

물 관리

한 잎을 뚝 분질러 흙밭에 심어 놨다
정성이 닿은 발길 그 정성 넘쳤을까
한순간 서리 맞은 듯 주저앉고 말았다

또 한 잎 다시 심어 멀리서 지켜본다
물동이 던져 놓고 발길도 거둬 두고
햇살에 반짝이는 잎 건강하게 자란다

손 가고 덜 가는 것 지나며 알아간다
사막을 지키는 너 이제야 알 것 같아
스스로 지켜내는 너 네 이름은 선인장

틈의 미학

틈이란 여지이다 회복의 씨앗이다
훗날을 바라는가 여지를 남겨두라
완고한 말 한마디에 닫혀버릴 마음 문

빈틈은 열린 길목 마음을 이어주는
열려진 틈 사이로 마음이 흘러든다
흩어진 마음을 모아 가슴으로 안는다

틈이란 여백이며 일상의 안식처다
답답한 현대인의 머물며 쉬어가는
인생의 화선지 한편 남겨놓은 빈 의자

누가 지리오

짐 벗어 나를 주오 옛가락 그립구나
청하던 젊은이들 지금은 어디 갔나
고령화 노인뿐이니 짐은 누가 지리오

골목은 비어 있고 학교는 문을 닫고
아이의 울음소리 그친 지 오래일세
노인만 오가는 거리 석양빛이 흐른다

시간을 다퉈 살며 소중한 양육까지
버거운 그 삶의 짐 누구를 탓하리오
모두가 함께 나눠야 이 고비를 넘으리

/정철의 시조 인용「짐 벗어 나를 주오」

욕심의 그늘

차가운 이성이라 마음이 외롭구나
판단은 옳다 하나 온기가 덜 느껴져
진실도 말의 칼끝에 깊은 상처 남긴다

이성이 못하는 일 욕심이 이뤄내고
그 욕심 화가 되어 후회만 남기도다
오늘은 웃고 섰으나 훗날 일을 모른다

밤새워 쫓던 꿈들 새벽에 깨어보니
손끝에 남은 것은 허공의 잔향이라
비움이 채움이 되어 욕심 그늘 벗는다

가치와 분열

도시로 변해가며 위상도 달라지네
못쓰던 자갈길의 가치가 높아지며
모두가 지나던 그 길 어느 순간 막혔다

먼 길을 돌아가며 소리쳐 항의하고
서로를 탓도 하며 이웃이 멀어지네
막힌 길 사이에 두고 붉어지는 얼굴들

가치의 흐름 따라 세상은 변해가고
정으로 나누던 것 법으로 나눠지나
여전히 차가운 길 위 아침햇살 내린다

시대정신

왜 사냐 물어오면 답하기 쉽지 않네
간단한 물음 앞에 왜 이리 당황될까
누구나 한 번쯤 겪는 땀 흘리는 순간들

생존과 꿈을 좇다 마음의 눈을 뜨네
개인의 성취 넘어 연대와 이타적 삶
우리가 마주해야 할 삶에 깊은 질문들

왜 사냐 물어오면 이제는 답하리라
낮은 곳 돌아보며 작은 힘 보태려고
더불어 함께 걷는 길 깜빡이는 별 되어

/함께 걷는 길 위에서

노동의 가치

설계자 그어 놓은 선 위에 숨을 불어
한 송이 아름다운 꽃으로 피우는 힘
때로는 쉽게 여기는 노동 현장 땀방울

차가운 선과 기호 도면이 펼쳐지고
현장은 거친 숨결 뜨겁게 흘러간다
직선과 곡선을 따라 땀방울이 흐른다

남기지 못한 이름 흙 묻은 미소 하나
세월의 굴레 속에 아득히 잊혀져도
우뚝 선 존재로 남아 그날의 땀 전한다

/동네 어귀 아파트 신축 현장에서

사람만이 답이다

하늘과 땅만 보며 땀 흘려 살던 이들
화마에 땅 잃으니 하늘만 바라보나
하늘서 비를 내려도 맞이할 품 없구나

하늘이 도우려고 비 내려 불 꺼지나
넋 나간 땅의 모습 언제나 회복되랴
하늘도 땅도 답 없네 사람만이 답이라

거드는 손길 따라 시름이 흘러가고
따뜻이 오가는 정 눈물을 씻으리라
사람이 하늘 움직여 회복의 싹 틔우리

/경북 대형 산불 피해자를 생각하는 밤

상생의 힘

국민을 위한다며 여와야 대립한다.
저들의 리그에는 한치의 양보없다
국민을 위한다지만 그들만의 이념뿐

시장엔 좌우 없다 시장은 삶의 터다
상인들 표정에서 경제가 읽혀지고
손님들 손놀림에서 살림살이 보인다

시장엔 생존 있고 따뜻한 정이 있다
그 정엔 힘이 있고 그 힘이 상생이다
공존의 길 위 걸으며 하나 된 꿈 이룬다

시간과 생명의 순환

영원을 잇는 다리

고사한 소나무의 빼곡한 솔방울들
솔잎 다 떠난 자리 쓸쓸히 맺혀있네
까마귀 한 마리 앉아 죽은 넋을 달랜다

스스로 자신 운명 안다고 하였던가
수많은 솔방울로 사후를 준비했네
오묘한 만물의 조화 네 모습에 담겼다

생과 사 순환하며 창조의 결을 잇네
인생의 가지 끝엔 황량한 바람 불고
쓸쓸한 학교 운동장 굳게 잠긴 자물통

아름다운 유산

개울이 흘러내려 강 하구 다다르면
비옥한 삼각주는 풍요를 내어주니
황혼의 아름다움과 견줄 만도 하도다

영원을 향한 길목 꽃보다 아름다워
쌓아온 발자취와 사랑의 흔적들은
노을에 함께 물들며 고운 빛을 더한다

그 길을 따라 흘러 남겨진 빈자리에
또다시 꿈과 열정 옹달샘 채워지며
땀방울 흐르고 스며 삶의 터전 적신다

소생

불타고 남은 가지 비바람 견뎌내고
봄 되니 잎 틔우고 여름 돼 그늘 주네
아 생명 뜨거운 이름 불보다 더 뜨거운

호국의 영령이여 거룩한 이름이여
당신의 생명 위에 다시 선 대한민국
뜨거운 불길조차도 범접 못 할 그 이름

님들의 깊은 숨결 이 땅에 깊이 스며
산과 들 강과 바다 그 넋을 기리나니
아 어찌 잊으오리까 가신 님의 붉은 피

/현충일을 맞아

봄은 또 오고

갈바람 실어 가고 봄바람 실어 오니
추풍에 시든 잎새 춘풍에 피어나네
봄볕에 솟아난 새순 아무 일도 없듯이

봄여름 가을겨울 제 빛깔 다르거늘
스치듯 지나가나 제 몫을 다하여라
봄바람 스쳐 간 들판 여름 햇살 채우리

봄 같던 날은 가고 꽃 피고 또 지거늘
추풍에 꽃이 져도 봄 되면 다시 보리
간다고 서러 말지니 오는 봄이 있으니

꽃은 다시 핀다

바람과 불의 춤은 빗속에 멈췄지만
살갗을 다 태우고 핏줄은 메마르고
버거운 숨 뿜어 대는 너의 모습 가련 타

메아리 잃은 계곡 탄식만 흘러가고
허공을 도는 바람 메아리마저 잠든
봄바람 깨우기까진 곤한 영혼 쉬어라

타다만 가지 끝에 터트린 꽃봉오리
봄기운 스치면은 새싹이 움트겠지
회색빛 산기슭 위로 푸른빛이 춤추리

/말리부 화재 현장에서

7부
자연과 삶

계절의 숨결 속에서 하루의 짐을 내려놓고
자연의 소리에 귀 기울인다.
나뭇잎의 떨림과 바람, 햇살의 잔빛은
삶이 건네는 조용한 위로다.
길 위의 자연은 마음을 비추는 거울이자
삶을 일러주는 스승이 된다.
그 속에서 나는 흔들리면서도
나아가는 존재의 의미를 새기며
오늘의 살아가는 작은 이야기를
이곳에 남긴다.

세월의 빛 / 착시 / 하늘의 초대 / 파도는 달을 담지 못한다
하늘 뜻에 달렸소 / 지나면 알게 되리 / 구름처럼, 강물처럼
태우지 못하는 것 / 자유와 속박 / 시련 속에 피는 꽃
고독의 날개 / 연어의 노래 / 침묵의 의미 / 잊히는 이름
감나무 선생님 / 함께 가는 길 / 놔두기 / 시간 앞에 서서
생명의 빛 / 익어가는 꿈 / 뿌리의 몸부림 / 치유와 회복
가치 / 불꽃 그리고 빛 / 마음 비우기 / 변함없는 산

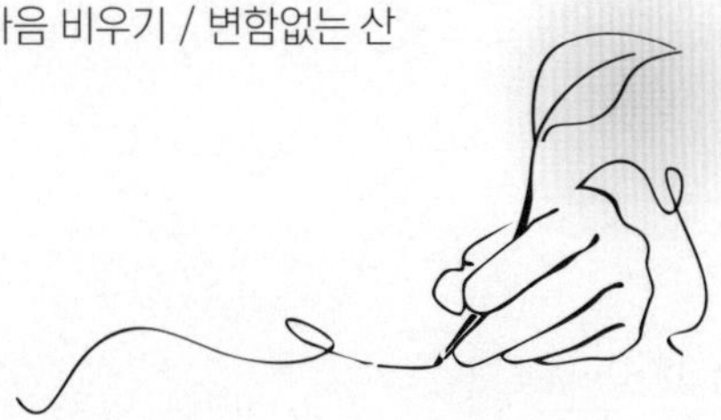

세월의 빛

파도가 밀려온다 어제와 다른 파도
어제의 발자국은 파도에 지워지고
어제의 나를 찾아도 오늘 내가 아니다

어제의 필요조차 오늘엔 불요 하고
시간은 마음마저 흔들며 함께 간다
서서히 익어가면서 그 빛 더욱 깊도다

생각이 깊어진 곳 지혜로 길을 가고
힘으로 가던 길을 바람에 맡겨가니
진리의 빛을 따르며 자유의 길 걷는다

/말리부 바닷가에서

착시

나무 끝 붙잡힌 달 잡힌 듯 빠져나가
흐른 달 바라볼 뿐 가지는 침묵하네
멈춰 선 시선으로는 움직인 달 못 잡네

어부의 고운 그물 물고기 잡혀있다
대해를 헤엄치다 멈춘 망 갇혔으니
고요한 달빛 그늘에 자유 잃고 말았네

보면서 못 보나니 인생이 그러하네
그물 안 시각으로 우주를 재단하니
눈앞에 잃은 달처럼 자유마저 잃는다

하늘의 초대

하늘이 말을 건다 햇살로 달빛으로
한줄기 미풍으로 다가와 속삭인다
떠가는 한 점 구름이 손짓하며 부른다

땅 보며 사는 인생 때로는 외면한다
문자에 갇힌 하루 시선은 땅 향하고
하늘은 큰소리 내어 다시 말을 건넨다

천둥과 폭풍우로 번개와 쓰나미로
우리의 눈을 들어 하늘을 보게 한다
땅 보며 사는 인생아 사랑으로 부른다

파도는 달을 담지 못한다

호수에 담긴 달이 물결에 일렁이듯
마음이 흔들리면 모든 것 흔들린다
진실한 사랑조차도 바로 담지 못한다

진실을 왜곡하는 마음의 흔들림은
순수한 사랑마저 깨어져 못 보나니
그 마음 외로워짐을 누구에게 탓하랴

명경과 같은 마음 사물을 바로 비춰
사랑과 미움마저 온전히 담아내니
선택의 순간순간을 마음 거울 비춘다

하늘 뜻에 달렸소

멈추며 나아감이 내 의지 안에 있네
그 믿음 따라 살다 황혼에 서고 보니
진솔한 입술의 고백 하늘 뜻에 달렸소

이제야 알겠구나 안녕의 인사 뜻을
내일을 약속 못 할 연약한 인생이여
오늘의 진실한 삶을 요구받는 이유라

오늘도 감사하네 눈 뜨고 숨 쉬는 것
하루가 선물이라 새기며 일어나네
남은 날 하늘 뜻 따라 사랑하며 살리라

지나면 알게 되리

생전에 전하고픈 간절한 마음 담아
백세를 바라보며 건네는 삼촌 말씀
칠십 대 젊은 조카들 그 마음을 아는지

삼촌의 한마디는 한 세기 역사이며
그 안에 담긴 혼은 지나온 삶의 흔적
조카들 목을 적셔줄 깊은 산속 옹달샘

지나면 깨달으리 그 말씀 담겨진 빛
육신에 연연한 삶 그 너머 참된 자유
침 삼켜 전하던 말씀 별이 되어 빛나리

구름처럼, 강물처럼

흰 구름 검은 구름 한 하늘에 흘러간다
하늘은 새파랗고 햇살마저 따가운데
구름의 흐름 따르며 잠시 빛을 가릴 뿐

맑은 물 탁한 물이 한줄기로 흘러간다
어딘가 비가 내려 흐린 물을 보내는지
한동안 둘로 나뉜 듯 하나 되어 흐른다

한 마음 두 생각이 교차하며 흘러간다
흰 구름 검은 구름 맑은 물과 흐린 물이
어느덧 맑게 흐르고 태양 다시 빛난다

태우지 못하는 것

불타는 산등성과 붉게 물든 도시 보며
상실의 깊은 슬픔 삶의 지혜 함께한다
비우고 또 비우면서 훌훌 털고 가라네

채워도 늘 부족한 현대문명 이기 속에
바꾸고 또 바뀌며 넘쳐나는 살림살이
한순간 불이 사르니 그 마음은 어떨까

천천히 걸으면서 멀리 보고 높이 본다
내면에 축적되온 적은 소유 큰 만족은
인생의 풍랑 중에도 흔들림이 없으리

자유와 속박

인생은 소풍인데 뭘 그리 많이 쌓나
여행의 여정에선 몸 마음 가벼워야
발걸음 나비 되어서 훨훨 날지 않으랴

나비와 같은 인생 부럽지 아니한가
하늘을 나는 자유 모두의 꿈이건만
그대여 꿈만 좇으면 한낮 꿈에 머문다

자유와 속박 모두 스스로 선택하네
자유도 내 안에서 속박도 내 안에서
내 안에 천국과 지옥 결국 내가 짓는다

시련 속에 피는 꽃

시련서 피어나는 버섯의 운명이여
통나무 깊이 잠든 포자를 때려 깨워
어둠을 헤치고 나와 탐스럽게 피었네

잠결에 멈춰버린 안갯속 갇힌 영혼
그 누가 채찍질해 어둠서 꺼내줄까
채찍에 피어오르는 인생이란 붉은 꽃

고난이 깨워주고 시련이 일으키니
어둠을 떨쳐내고 생명을 노래하네
고난과 함께 걸으며 피어나는 꽃이여

고독의 날개

인적이 끊긴 산길 고요히 홀로 서서
바람의 속삭임에 이름을 불러 본다
허공에 흩어진 이름 바람결에 흐른다

길 잃은 눈길 따라 마음이 흘러 닿은
빛바랜 고사목 끝 외로운 새 한 마리
고독한 나의 마음이 비춰진 건 아닌지

햇살의 따스함에 외로움 벗어내고
빈 가지 차고 나가 힘차게 비상하라
고독은 존재의 날개 나래 펴고 날아라

연어의 노래

내면의 소리에는 진실이 담겨있다
현실과 타협하며 순도는 옅어지나
흐려진 옹달샘처럼 산화되는 철처럼

돌이켜 갈 수 없는 갈라진 길 위에서
내면의 맑은 울림 육신의 목마름은
방패와 창으로 만나 끊임없이 맞선다

부딪쳐 상한 날개 치유의 빛을 쫓아
회귀한 연어처럼 어둠을 거스르며
진리의 빛 흐르는 곳 본향으로 향한다

침묵의 의미

배우고 경험하며 가볍게 규정하고
다 안듯 들먹이며 흘려간 시간들이
오늘에 부끄러우니 아는 만큼 두렵다

어제의 옳던 것이 세월에 바래지니
명쾌히 단정 짓기 갈수록 망설여져
노인들 침묵의 의미 이제 알 듯하도다

바람이 부는 방향 수시로 바뀌듯이
진리라 칭하던 것 허울로 밝혀지니
이날의 진리조차도 다툴 날이 있으리

잊히는 이름

당신은 누군가요 갑자기 물어오면
이름을 알려주나 신분을 얘기할까
예측을 못한 질문에 머뭇거릴 밖에는

손녀의 학교 가면 아이의 할아버지
아내의 모임에선 그녀의 남편 되고
동네서 물어오면은 이웃 주민 되겠지

병원에 가야 지나 그나마 불려지니
순수한 나는 없고 관계 속 나만 있네
나직이 불러봅니다 잊혀질까 내 이름

감나무 선생님

마른 잎 떠나보낸 감나무 의연함이
옛 어른 그림자로 마음에 다가오네
바람에 흔들림 없는 초연함이 부럽다

모든 짐 내려놓은 정갈한 가지 끝에
작은 새 날아앉아 날개를 쉬어갈 뿐
비움의 참된 자유를 너를 보며 배운다

채움의 넉넉함과 비움의 자유함을
사계를 살아가며 깨달아 알게 하니
너와 나 이 순간부터 사제 인연 되었다

/뒷마당 감나무와 햇살 아래서

함께 가는 길

세월 너 외롭구나 길동무 찾았느냐
너 혼자 가도 될 길 굳이 날 데려가네
나 또한 외로운 차에 동무 되어 가보자

너 따라 나선길이 인생의 빛이 되네
먼저 간 사랑 인연 그 길 끝 만나겠지
소풍 길 따라나서듯 설렘 품고 걷는다

인생의 고비마다 안기고 실려 가고
슬픔과 고통의 강 손잡고 건너보자
너와 나 함께 흐르니 막힐 곳이 없구나

놔두기

마른 잎 떨군 자리 가지 끝 평온하나
푸른 잎 떨군 자리 상처를 남겼구나
놔둬라 흐른 세월에 잎 스스로 떨구게

바람은 나뭇잎을 쉼 없이 스쳐 가고
가지는 잎을 위해 바람에 순응하니
아픔을 이기는 지혜 나무에게 배운다

때 되면 떠나가네 스스로 길을 찾아
마른 잎 아름답게 물들어 흩날리듯
고요한 아침 미풍에 잠자듯이 떠난다

시간 앞에 서서

흐르는 시간 앞에 멈춰 선 나를 본다
열차는 멀어지고 플랫폼 홀로 남아
석양의 긴 그림자를 등에 지고 서 있다

젊음은 열차 실려 기적에 묻혀지고
뿜어낸 석탄 연기 바람에 흩어지며
흐릿한 자화상 하나 허공 위에 남긴다

무엇을 잡으려도 무엇을 남기려도
시간의 흐름 앞에 무심히 서고 보니
모두가 부질없는 일 오늘 하루 족하다

/오월의 마지막 날에

생명의 빛

아기의 눈망울 속 끝없이 빨려든다
흠 없이 투명한 빛 심장이 박동 친다
오후의 나른한 몸이 생명으로 뜨겁다

보석이 그만할까 꽃인들 더 고울까
무엇도 견줄 수 없는 아기의 웃는 얼굴
천진한 모습 속에서 잃은 낙원 보인다

눈꺼풀 깜빡이며 우주가 열고 닫혀
순수한 미소 속에 생명의 빛이 있다
눈떠도 위를 못 보는 내 눈빛이 겹친다

익어가는 꿈

새봄을 기다리는 농부의 겨울밤은
꿈으로 찬 공기를 따뜻이 감싸안고
마음은 촛불이 되어 꿈길 따라 춤춘다

끝없는 번뇌 속에 흩어진 생각들은
알알이 씨앗 되어 흙 속에 묻혀지고
조용히 뿌리내리며 봄볕 받아 자란다

한여름 폭풍우를 견뎌낸 어깨 위로
가을볕 물든 생각 하나씩 익어가니
고뇌로 써내려 온 삶 한 줄 시에 담긴다

뿌리의 몸부림

가뭄에 자두나무 잎조차 못 틔우고
푸르른 가지 사이 쓸쓸히 마른 가지
꽃 지고 열매 자리엔 빈 바람만 맺혔다

그늘을 잃은 가지 햇살이 내려앉고
마른 땅 갈라진 틈 건조한 숨 토하네
외로운 뿌리의 사투 물길 찾아 헤맨다

메마른 인생길에 누구라 물길 될까
이방 땅 심긴 나무 본향을 그리면서
고독한 뿌리로 남아 작은 싹을 틔운다

치유와 회복

바람결 흩날리던 낙엽이 쌓여가네
비 들어 쓸어주니 마음이 시원하다
내면의 쌓인 찌꺼기 씻어낼 수 있을까

생각이 부딪치며 깨지고 부서지고
남겨진 감정 조각 수시로 찔러온다
상처로 상한 내면은 고통으로 멍든다

닫혔던 마음 열고 먼 곳을 바라본다
시간에 맡기던 것 마음이 실어 가네
고통의 그림자마저 함께 실려 흐른다

가치

흔한게 귀하단 걸 겪으며 배워가네
고봉에 올라서니 숨 먼저 가빠온다
금붙이 귀하다 한들 한 통 산소 바꿀까

사막의 한 모금 물 무엇과 비교되랴
옹달샘 흘려낸 물 숲과 들 살려낸다
하늘의 해와 달마저 잠시 쉬면 어쩌랴

마음이 무너지면 몸마저 무너진다
마음이 태양이고 마음이 밤하늘 달
부 얻고 마음 상하면 못 취한만 못하다

불꽃 그리고 빛

가던 길 멈춰 서서 세상만사 돌아보니
제한된 인간 수명 오만함을 경계하며
흐르듯 떠나갈 인생 겸손함을 배운다

오만은 불꽃처럼 한순간에 타오르나
순간의 영광일 뿐 재로 변해 흩어지니
한순간 그 영광 좇아 귀한 삶과 바꿀까

겸손은 뿌리내려 어둠 속에 빛을 찾고
자신을 낮추어서 고운 자태 숨기어도
그 빛과 그 향기 흘러 세상 가득 채운다

마음 비우기

감나무 열매 위에 새들이 내려앉아
이것이 네 감이냐 아니면 내 감이냐
이것도 저것도 아닌 우리 모두 것이냐

눈 뜨고 빼앗기니 아쉬움 크다마는
땅 딛고 사는 내가 공중의 널 당할까
에둘러 너와 나눔이 지혜인가 싶도다

후자를 택일하니 마음이 편안하다
배우고 비워가니 세월이 스승이라
손 벌려 모두 놓을 날 그날까지 익힌다

변함없는 산

세상이 각박해져 사람들 말하지만
그러나 당신만은 그렇지 않더이다
철 따라 베풂을 주는 그대 이름 산이오

봄이면 새싹에게 자신을 내어주고
여름엔 짙은 녹음 그늘을 선물하며
가을엔 단풍 물들여 지친 걸음 쉼 주네

찬 겨울 눈송이에 자신을 가리워도
철 따라 묵묵하게 자리를 지키나니
변하고 변하지 않는 그대 이름 산이오

저자 후기

길을 걸으며 나는 깨닫는다.

인생의 길은 정해진 목적지가 아니라, 걸어가는 그 순간 순간이 곧 길이었다.

그 길 위에서 나는 때로는 빛을 따라 걸었고, 때로는 어둠 속을 더듬으며 나아갔다.

돌아보면 그 모든 순간이 하나의 배움이자 감사였다.

누군가는 내 곁을 스쳐 지나가고, 누군가는 잠시 머물다 떠났다.

그 만남과 이별 속에서 사람의 따뜻함과 세상의 넉넉함을 배웠다.

삶은 혼자 걷는 듯하지만, 결국 더불어 걷는 여정임을 알게 되었다.

그 여정의 발자취들이 모여 이 시집이 되었다.

길은 멀리 있지 않다.

내 마음이 향하는 곳, 그곳이 곧 길이다.

오늘도 나는 그 길 위에 서서, 또 한 걸음을 내디딘다.

엄규응

내면의 빛을 향한 순례
—
엄규응 시의 미학

시인 고광이(재미시인협회 이사장)

엄규응의 시는 조용히 그러나 단단하게 영혼의 중심을 향해 나아간다. 그의 시편들은 신앙의 고백이면서 동시에 인간의 내면을 탐구하는 철학적 사유의 여정이다.

그의 시 세계는 자연과 시간, 빛과 어둠, 생명과 고독이라는 상징적 모티프들을 통하여, 유한한 인간이 무한의 진리를 향해 걸어가는 과정을 서정적으로 그려낸다.

「내면의 여정」은 그 여정의 첫머리를 장식하는 대표작이다. '지는 해 넘어가며 마지막 한 줄기 빛'이라는 첫 구절은 단순한 자연의 묘사가 아니라, 인생의 황혼 속에서도 여전히 꺼지지 않는 내면의 신적 빛을 상징한다. 시인은 석양을 통해 지나간 시간을 성찰하며, 어둠과 밝음마저 마음속으로 불러들여 엉켜진 매듭을 푸는 '화해의 과정'을 노래한다. 이는 신앙적 묵상의 언어이자, 존재의 화해를 향한 깊은 인간적 성찰이다.

그의 시에는 늘 '자연'이 등장한다. 그러나 그 자연은 외적 풍경으로서의 자연이 아니라, 인간 내면의 거울로서의 자연이다. 「노랑나비의 가을」에서 노랑나비의 날개 끝에 실린 하늘은 '영혼의 비상'이요, 「가을을 보내며」의 빗방울과 마른 열매는 '삶의 소멸 속에 남은 기억의 잔향'을 상징한다. 자연은 시간의 흐름을 증언하며, 인간의 감정과 정신을 담아내는 투명한 그릇이 된다.

엄규응의 시는 또한 비움과 나눔의 윤리적 시학을 보여준다. 「마음 비우기」에서 시인은 감나무의 열매를 사이에 둔 새들의 다툼을 통해 인간의 욕망을 반추한다. "이것도 저것도 아닌 우리 모두 것이냐?"라는 물음은 공동체적 나눔의 철학으로 확장된다. 세상 속 탐욕과 경쟁의 질서 앞에서 그는 "후자를 택일하니 마음이 편안하다"라고 고백하며, 비움이 곧 충만함임을 깨닫는다.

그의 작품 중에서도 「연어의 노래」는 특히 상징적이다. 연어는 '본향으로 회귀하는 존재'로, 시인은 이를 통해 신앙적 귀향과 내면의 정화를 노래한다. 흐려진 영혼의 순도, 현실과 타협한 인간의 나약함 속에서도, 그는 진리의 빛을 좇아 흐르는 연어의 여정을 자신의 신앙적 삶과 겹쳐 그린다. 이는 곧 인간 존재의 궁극적 질문, 즉 '우리는 어디로 가는가'에 대한 답을 모색하는 시적 고백이다.

언어적으로 그의 시는 절제되어 있다. 불필요한 수사를 거부하고, 담백한 이미지와 정제된 리듬으로 사유를 응축한다. 형식적으로는 현대시조의 정형성을 따르지만, 내용상으로는 자유시의 유연함을 품는다. 이처럼 절제와 깊이, 정형과 자유의 공존은 그의 시가 지닌 미학적 긴장과 품격을 완성한다.

그의 시에 흐르는 정조는 언제나 '고요한 겸허'다. 「불꽃 그리고 빛」에서 시인은 "오만은 불꽃처럼 한순간에 타오르나 / 겸손은 뿌리내려 어둠 속에 빛을 찾고"라고 노래한다. 이 대조적 이미지 속에서 우리는 그의 영혼 자세를 본다. 세상의 성공보다 마음의 진실을 택하는 태도, 그것이 곧 그의 시적 존재 이유이다.

결국 엄규응의 시는 우리에게 한 가지 길을 제시한다.

그것은 화려한 찬란함이 아닌, 조용히 자신을 비우고 빛을 품는 길이다.

그의 시는 우리 마음의 거울이 되어 묻는다.

"당신의 영혼은 지금 어디를 향해 가고 있는가."

시조집 길

초판 인쇄 2025년 12월 18일
초판 발행 2025년 12월 26일

지 은 이 엄규응
교정 교열 이성주
작업 진행 정요한
펴 낸 곳 **코람데오**
등 록 제300-2009-169호
주 소 서울시 종로구 세종대로 23길 54, 1006호
전 화 02)2264-3650, 010-5415-3650
FAX. 02)2264-3652
E - mail soho3650@naver.com

ISBN 979-11-92191-56-0(03810)

값 17,000원 (USD 23달러)